Guy de Maupassant

PIERRE ET JEAN

with the prefatory essay
LE ROMAN

Edited with an Introduction and Notes
by
G. HAINSWORTH, M.A.
Docteur de l'Université de Paris,
Reader in French, University of Leeds

HARRAP   LONDON

First published in Great Britain in this edition 1966
by GEORGE G. HARRAP & CO. LTD
182–184 High Holborn, London WC1V 7AX
Reprinted: 1970; 1974

First published in the French language 1888
by PAUL OLLENDORFF, PARIS

Introduction and Notes
© G. Hainsworth 1966

ISBN 0 245 52575 0

15429

843
MAU

Printed and bound in Great Britain by
REDWOOD BURN LIMITED
Trowbridge & Esher

Contents

INTRODUCTION

Bibliographical and general   7

Maupassant before *Pierre et Jean*   10

The general literary background of *Pierre et Jean* and *Le Roman*   12

The essay *Le Roman*   14

Pierre et Jean:

    (*a*) Pierre and Mme Rosémilly   16

    (*b*) Pierre and his mother   17

    (*c*) The two sexes   19

    (*d*) Emotion, humour, realism, the role of the background   22

    (*e*) Form and style; conclusion   24

BIBLIOGRAPHY   33

LE ROMAN   35

PIERRE ET JEAN   51

NOTES   173

APPENDIX : The testimony of the MS.   197

Maps

    Plan of Le Havre   48

    The Normandy coast   facing 96

Illustrations

    The liner *Normandie*   facing 97

    Boudin: *Crépuscule sur le bassin du Commerce*   facing 128

    Boudin: *Plage à Trouville*   facing 129

Introduction

> "Pierre et Jean *aura un succès littéraire, mais non pas un succès de vente. Je suis sûr que le livre est bon, je te l'ai toujours écrit; mais il est cruel, ce qui l'empêchera de se vendre.*" (Maupassant to his mother, Sept. 1887)
>
> "*Le critique ne doit apprécier le résultat que suivant la nature de l'effort; et il n'a pas le droit de se préoccuper des tendances.*" (Maupassant, *Le Roman*)

BIBLIOGRAPHICAL AND GENERAL

Maupassant wrote *Pierre et Jean* at the age of thirty-seven, from June or July to September 1887, at his house 'La Guillette', Étretat, in his native Normandy.[1] As it would have made rather a slim volume by itself, he then composed, with a view to printing it along with the novel, the essay *Le Roman*, which is a general discussion of fiction, not a preface specifically referring to *Pierre et Jean*, although for convenience it will be referred to here as the preface. Before appearing together in volume form, these texts were published, as was the custom at the time, in periodicals: *Pierre et Jean* in the *Nouvelle Revue* (1 and 15 December 1887, 1 January 1888), and *Le Roman* in the *Supplément littéraire du Figaro* (7 January 1888), but with its opening pages badly mutilated[2] (by Paul Bonnetain apparently[3]), a fact which partly explains the severity of some early critics of the preface such as Anatole

---

[1] Tassart, p. 94; *Correspondance*, pp. 203–4; *Chroniques*, p. 346. For these abbreviations see the bibliography.

[2] *cf.* the notes on the text.

[3] *cf. Chroniques*, p. 357. Bonnetain was one of the signatories of the *Manifeste des cinq*, mentioned further on in the Introduction.

France and Jules Lemaître.[1] In book form they appeared in January 1888, and it is the text of an impression of that year (*38ᵉ édition*, Paris, Paul Ollendorff, 1888) which, apart from one or two slight errors which have been corrected, is reproduced in the present volume. The manuscript of *Pierre et Jean* is preserved at the *Bibliothèque Nationale* in Paris (*Nouvelles acquisitions françaises* 23,282); we have no MS for the preface.

Although the preface was often criticized, the novel itself was particularly praised, from its first appearance. From the technical point of view, the critic of the *Revue Bleue*, for example, Maxime Gaucher, considers it as "très bien fait", referring to the "art savant de composition" and the "intrigue bien menée" and praising especially the ending, "autre qu'on ne l'attendait" and "très vrai, très humain".[2] Lemaître, in a letter to the author, declares: "Vous n'avez rien fait de plus net, de plus arrêté, de mieux composé et distribué, de plus magistral."[3] He was later (1892) to distinguish the work from Maupassant's early novels, which have the character of biographies, as a *roman-drame*. For Paul Bourget similarly (1893) *Pierre et Jean* is a *drame serré*, "coupé... en trois actes aussi dessinés et aussi nets qu'une pièce classique." From the point of view of the subject matter, the critics of the time are sensitive to the emotion of the book, notably in connection with Mme Roland's role and particularly, within that role, her confession to Jean (Schérer, Lemaître). The novel's 'cruelty', of which Maupassant was aware, is also felt by most of them: one may quote Anatole France, Lemaître ("cruel mais vraisemblable, c'est-à-dire vrai") and Heurteau, who regrets it. But generally speaking, as Artinian's book will show,[4] *Pierre et Jean* has passed, ever since its publication, for a masterpiece, perhaps *the* masterpiece of Maupassant.

In the last thirty years, various editions with introductory matter and sometimes other apparatus have succeeded the Conard edition of 1909, from Dumesnil (1935) to Sigaux (1962),[5] without leading to much that is really new. It is usually a question in these introductions of the circumstances of publication as described in the first paragraph above, of Maupassant's difficulties with the *Figaro*, of the fact that Estaunié[6] was writing at the same

[1] See *Correspondance*, pp. 221–4.
[2] Most of these details and the references, and this applies to the rest of the paragraph, will be found in the Conard edition, Cogny and Artinian (pp. 94–100).
[3] *Correspondance*, pp. 221–2.
[4] pp. 108, 111, 112, 113 and *passim*.
[5] See the bibliography.
[6] *Chroniques*, p. 357.

time a novel on a similar theme,[1] of the testimony of Maupassant's neighbour
at Étretat, Mme Lecomte du Noüy, as to the inspiration of *Pierre et Jean*,
of the problem of the illegitimate child in Maupassant's work generally, etc.
Most of these matters have a purely anecdotic interest and some appear
distinctly irrelevant. Thus Mme Lecomte du Noüy's statement that the
author's point of departure was an attempt to explain and motivate a legacy
received by *one of his acquaintances* clashes, as Cogny points out in his
edition of 1959,[2] with Maupassant's letter to Estaunié according to which it
was a newspaper that had furnished the idea of the legacy. In any case the
spirit of the final text would seem to preclude the possibility that the legacy
as such played any great part in the genesis of the work. It seems more likely
(documents on this question are lacking) that the novel first presented itself
to Maupassant as a full-scale and revised version of his tale *L'Attente*,[3] or as a
sort of modern *Hamlet*, the legacy being no more than an accessory detail of
plot such as he had already used in *Le Testament*.[4]

As for the question of the illegitimate child in Maupassant's fiction, *Pierre
et Jean* has been classified since Dumesnil (1933) with works concerned with
that topic. Vial, in his doctorate thesis (1954), lent his support to this classi-
fication when he defined the subject of the novel as "l'adultère et l'enfant
adultérin agents de désorganisation de la famille".[5] Cogny in particular
expands on the question of children and illegitimacy in Maupassant, ascrib-
ing to him such an obsession with these problems that (although they had
been stock themes in Dumas *fils*, for example, along with adultery) it can
only be explained, according to this critic, by Flaubert's having been Maupassant's father and Maupassant's having suspected the fact! Now even if
such an assertion could be proved, it would still have no bearing on *Pierre et
Jean*. For the book to be autobiographical, in a sense that would suit Cogny's
argument, it would be necessary for Maupassant to have been legitimate and

---

[1] The novel eventually published under the title of *Un Simple*, in which the
hero commits suicide after discovering his mother's adultery.

[2] pp. xiii–xiv.

[3] A son, discovering that his widowed mother has a lover, leaves home. The
mother tells the lover not to return to her until he has found her son again. For
twenty years she waits vainly for their return, and she is now on her death-bed
(1883; *Œuvres posthumes*, I, p. 183).

[4] A woman, whose husband and two elder sons have always ill-treated her,
leaves her property to her lover, in trust for her youngest son, whose father he is:
this youth eventually shares the money with his brothers (1882; *Contes de la
Bécasse*, p. 157).

[5] p. 368.

his younger brother Hervé illegitimate. Moreover, in the Maupassant family, it was the husband who was considered wayward, while the wife passed for a martyr, not least in Maupassant's own eyes.[1]

But in any case it is really only by doing violence to the text that one can declare it to be about illegitimacy at all. Jean's role is not only secondary, but he hardly appears for a moment in the capacity of illegitimate child, let alone of an illegitimate child concerned about his status. What preoccupies Maupassant is not adultery and illegitimacy, but the whole matter of procreation and the life of the species.

If we go to the root of the question here, we shall see that a theme which was for its author an unflattering description of human life in general (for the epithet *cruel* makes no sense otherwise), and which was accepted as such by the critics of 1888, has come to be interpreted more narrowly as the study of an exceptional case and exceptional characters, compatible with an optimistic, moral, or at least not too abnormal outlook on the part of the author: thus Cogny affirms Maupassant's belief in "le devoir sacré de la paternité".[2] Now no critic, nor any reader (and this is one of the main points of the essay *Le Roman*) should approach writers like Maupassant or Flaubert with the intention of adapting them to a preconceived pattern and without regard for their particular aims.

MAUPASSANT BEFORE *PIERRE ET JEAN*

Similar problems are presented by Maupassant's fiction prior to *Pierre et Jean*, and this fiction has in its turn some relevance for the understanding of that novel.

Much has been written about Maupassant's life and character, and it is not proposed to add unduly to it. He was a robust and sensual type with a taste for physical activity (rowing, yachting, shooting) and material pleasures, and at the same time an introspective, pessimistic hypochondriac to whom his mother's childhood friend Flaubert had transmitted a certain measure of his own cult of the beautiful. His ideas recall Flaubert's on "l'éternel néant de tout" and the vanity of action, Schopenhauer's on life as a battle-ground and a place of torment, Darwin and the scientists' on a mechanistic universe dominated by the play of blind forces.

Such are the general notions Maupassant seeks to embody in his fiction. As the present writer has tried to show elsewhere,[3] it has for particular charac-

---

[1] *Chroniques*, p. 367.   [2] p. xlviii.   [3] 'Pattern and Symbol', p. 7

teristic its tendency to present each individual episode *sub specie æternitatis*, in relation to and in terms of the whole of life. Thus tales like *Boule de Suif* and *En Famille*, in addition to their anecdotic interest, offer evocations of the clockwork, the repetition and the perpetual flux of human behaviour. They are simultaneously general ideas and imitations of particular reality. Even such tales as *Sur l'eau* or *La Parure* itself are so conceived as to express quite literally a general meaning (human illusions or the veil of appearances in contrast to the grim essence of things), independent of the surprising anecdote and making up for its artificiality.

One of Maupassant's most striking procedures consists in juxtaposing episodes from human life with details taken from animal life or with some aspect of inanimate nature, in order to create an effect of perspective or establish an analogy suggestive of universal determinism.

All these trends are also attested by Maupassant's novels. *Une Vie* (1883), the story, from girlhood to old age, of a woman who suffers because of her illusions, her unfaithful husband and her wayward son, is in intention as general as Flaubert's *Madame Bovary* and equally pessimistic. The theme of *Bel-Ami* (1885), set against the background of Parisian journalism, is the struggle for life and the war of the sexes, the unbridled working of the Will, as described by Schopenhauer, with, suggested rather than stated in the death of the hero's friend Forestier, that nothingness which is its ultimate goal.[1] In *Mont-Oriol* (1887), a romantic love-affair, rapidly and tragically terminated by the infidelity of the hero, is set in parallel with a study of quack-doctors and financiers, as if to express superlatively all the falsehoods under which a permanently suffering humanity labours.

The above definitions are the present writer's, not those of Vial, who so formulates the themes of certain novels as to deprive them of their universality and even of their pessimism. Thus he sees in *Bel-Ami* a Balzacian novel, of interest as a study of manners and concerned with an ambitious hero who, like Rastignac, succeeds in making his way in the world. In *Mont-Oriol* he stresses the account of the fashionable watering-place, and not only considers the love-story as heterogeneous, but makes too little of its general character as irony on romantic love, or even on love *tout court*.

There seems to be at work, and this applies to many a critic of Maupassant, a positive determination to ascribe only the most obvious and pedestrian intentions to one who aspired to the difficult art of a Flaubert and who vehemently insists in the preface, as we shall see, on the subtlety of the

[1] *cf. Un Thème...*, pp. 133–8.

novelist's art as he conceives it. Thus a veritable debate conducted in the pages of the *French Review* (1959–65)[1] on the 'deeper meaning' of *Pierre et Jean* produced such formulae as 'How Pierre arrives at the truth about his mother', 'How Pierre discovers himself' or 'The complexity of human nature', which are not only quite explicit aspects of the novel but do not transcend the realm of particular facts, incapable of embodying any general view of the universe. Similarly, Maupassant's symbolism is interpreted by these writers in a hopelessly narrow way, so that the fog represents doubt, and so on.

This problem, which is all the more serious because any appreciation of form and technique must be contingent on one's definition of the theme, will be illuminated to some extent by the essay *Le Roman*, the examination of which perhaps requires to be preceded by some consideration of general trends in the novel around 1887.

THE GENERAL LITERARY BACKGROUND OF *PIERRE ET JEAN* AND *LE ROMAN*

The mid-eighties have come to be looked upon as transitional between 'Naturalism' and 'Idealism', and between Parnassians and Symbolists in poetry. While 'Idealism' is a loose term implying a certain optimistic and edifying trend, philosophical idealism, and in general the opposite of objective realism in art, 'Naturalism' lends itself to a more precise definition, as involving a materialistic conception of man and human behaviour, strict views on the influence of heredity and milieu, and, technically, insistence on documentation and on the choice of ordinary, even sordid, subjects. To this description correspond the twenty volumes (1871–93) of Zola's more or less mass-produced Rougon-Macquart series, in which psychology is deliberately simplified and subordinated to physiology, while the protagonists are now heightened into symbols and forces of nature, now overshadowed by collectivities and by their surroundings, which are personified and magnified in a way unparalleled before. The author's thought, initially subversive, pessimistic and anti-romantic, oscillates between positivism and poetry, between belief in progress and an obsession with death and disaster, between the condemnation and the exaltation of appetite.

The group of writers, some ten years younger than Zola, who published with him in 1880 a collection of satiric tales about the war of 1870, *Les*

[1] *cf.* D. Freimanis: 'More on the Meaning of *Pierre et Jean*' (*French Review*, January 1965, pp. 326–31). He refers to the other three articles.

Soirées de Médan (Zola had a house at Médan) embrace in principle his naturalism. But these authors—Maupassant, Huysmans, Céard, Alexis, Hennique—in varying degrees, also owe much to Flaubert and the Goncourts, Zola's seniors, to whom he himself is largely indebted. When Maupassant refers in his essay to the *roman objectif*, he is of course thinking not only of the Groupe de Médan, but of Flaubert and the Goncourts too.

Flaubert's novels (1856–80) are remarkable indeed for their objectivity, both in the sense of regard for observed reality and of detachment. This objectivity, the author's irony, and his elaborate craftsmanship by no means exclude psychology, emotion, poetry and profundity. His characters, victims of illusion or devoid of will-power, or both at once, follow a winding and repetitive course towards frustration and disaster, so that the novels announce most of the themes of naturalism. Flaubert distinguishes himself above all from his successors by his aspiration towards a general art, representing not what is exceptional, but humanity and human life 'as they always are', and by the importance he attaches to form—the proportions and structure of the work of art—and to style. Technical perfection might be considered as an end in itself for him, were it not that it necessarily subserves the end of concrete representation.

By their taste for documentation, for humble reality (at least in their early works), and by their social preoccupations, Edmond de Goncourt and his brother Jules (†1870) announce Zola. They are concerned with a *particular* humanity, seized in its *vérité momentanée*, and directly exploit their notebooks in such a way as to preclude regard for generality and even to some extent aesthetic preoccupations. They go even further than Flaubert in splitting up reality into a multiplicity of sensations, and their interest in changing appearances has for counterpart a word-order which departs from normal syntax and a method of narration which defies chronology, jumping backwards and forwards, multiplying retrospective developments, and skipping entire periods of time. This results in an arbitrary and fragmentary plan which contrasts with Flaubert's solid and rounded structures but corresponds in many ways to Zola's technique in the Rougon-Macquart series. In this matter of the plan, as also in the matter of generality of the theme, Maupassant is one of the few successors of Flaubert not to fall short of the latter's ideals.

Obviously, much and perhaps the bulk of French fiction in the eighties had nothing to do with the writers we have been discussing, and Maupassant's preface allows generously for the type of romance which had been represented by Alexandre Dumas or the genteel fiction associated with George Sand or Octave Feuillet.

The eighties also witness the birth, in the works of Paul Bourget, of a variation on this last type of novel, a cross between it and the 'psychological' novel which is of old standing in French literature and goes back, through Fromentin's *Dominique*, Stendhal (rediscovered in this decade), and Constant (*Adolphe*, 1816), to Mme de La Fayette's *La Princesse de Clèves* of 1678. Bourget's *André Cornélis*[1] (1887), which combines with the plot of *Hamlet* certain elements of the detective novel, is a good example of this *roman d'analyse* to which Maupassant's preface gives so much attention. The field was enriched by certain novels of Dostoevsky, such as *Crime and Punishment*, translated in 1884, and by notions of the subconscious, in the air since Schopenhauer (it was towards 1884 that Freud, studying in Paris under the neurologist Charcot, also frequented by Maupassant, first conceived his psychoanalytical method). It is of primary importance for the understanding of *Pierre et Jean* itself.

THE ESSAY *LE ROMAN*

Certain features of the preface are perhaps explained by the fact that it was written shortly after what is known as the *Manifeste des cinq*, a diatribe against Zola, signed by five writers some twenty years younger than he, and printed in the *Figaro* on 18 August 1887. Zola, in full spate for the past few years and the most talked-of writer of the period, had become an object of envy for Edmond de Goncourt and Alphonse Daudet (perhaps the closest disciple of the Goncourts), who can be looked upon as the instigators of this letter attacking Zola's morals on the strength of certain obscenities to be found in his novel about the peasants, *La Terre*. The *Manifeste des cinq*, no more important in itself than the other collective activities, the schools and coteries characteristic of literary Paris, may explain why, at the very moment when he is deviating to some degree, in his own novel, from the objective formula of Zola, Maupassant puts in the strongest plea on its behalf, and why he not only omits to mention in his essay a single novel of the Goncourts but also concludes it with a vigorous attack on their style.

The quality of this essay has been debated. Judging by the way students of Maupassant have approached it, listing its analogues in the author's

---

[1] For certain parallels between this text and *Pierre et Jean*, cf. Vial, p. 431 and n. 1.

previous publications, instead of examining it, or examining it in any order but that of the text, it has not proved crystal clear. Of course the opening section, on the non-existence of rules for the novel, its myriad forms, and the fact that, unlike the Philistine reader, the critic ought to judge a work aesthetically, on the basis of what the author has tried to do, all this is straightforward. But the crucial development on pp. 38–39 seems hardly to have been understood. The upshot of these pages is that, whereas the non-realist novelist, at the cost of no great personal effort, may exploit the interest of incidents, emotion, rounded plot, the realist undertakes the more difficult task of representing life at one and the same time as the reader sees it and with the particular twist it has for the author. Such is the sense to be ascribed, for example, to the statement:

C'est cette vision personnelle du monde qu'il cherche à nous communiquer en la reproduisant dans un livre. Pour nous émouvoir, comme il l'a été lui-même par le spectacle de la vie, il doit la reproduire devant nos yeux avec une scrupuleuse ressemblance.

That two objectives are in question here, (a) to give a recognizable picture of contemporary life, (b) to make it embody indirectly the author's own personal view of things, is confirmed also by the passage further down (p. 39):

Pour produire l'effet qu'il poursuit, c'est-à-dire l'émotion de la simple réalité et pour dégager l'enseignement artistique qu'il en veut tirer, c'est-à-dire la révélation de ce qu'est véritablement l'homme contemporain devant ses yeux, il devra n'employer que des faits d'une vérité irrécusable et constante.

This problem is illuminated to some extent by Maupassant's remark else-where:[1] "Une œuvre d'art n'est supérieure que si elle est, en même temps, un symbole et l'expression exacte d'une réalité." This statement, which Vial[2] interprets as implying that *characters* should be individuals and types at the same time, ought perhaps rather to be taken as meaning that the work of art must be at once particular and the vehicle of a general idea.

Maupassant's remaining remarks in this section: that the plan of the objective novel will not necessarily involve exposition-action-dénouement but may constitute what was called a 'slice of life', and (pp. 40–41) that the

[1] *La Vie errante*, p. 122.
[2] pp. 75–6.

elimination of the non-essential, the choice and stressing of detail are part and parcel of its technique, present no particular difficulty, any more than the contrast (pp. 41–43) between the analytical and the objective novel, to the advantage of the latter.

In itself, the essay is remarkable for its non-dogmatic tone. The attitude is eclectic, recognizing all forms of the novel, eschewing fixed canons, welcoming what is new and experimental. But this tolerance is rooted in an overall scepticism—scepticism as to what constitutes a novel, as to what reality is, as to whether original creation is still possible—which, rather than any clearcut argument, binds together the three or four loosely related headings which the essay comprises.

For our present purpose, the preface is principally important because of the insight it affords into Maupassant's conception of his art. His preference for the *roman objectif* should lead us to expect in *Pierre et Jean* a work retaining many characteristics of that form of novel. We should also remember, apart from the details on observation, evocative rendering and style, what Maupassant states or implies regarding the major plan and drift of the novel, in which he sees representation serving indirectly as a vehicle for the author's ideas and resulting in an arrangement which has not necessarily anything in common with the traditional form of the novel based on plot.

PIERRE ET JEAN

(a) PIERRE AND MME ROSÉMILLY

If we attempt to distinguish, as the preface encourages us to do, between a *prima facie* and a less obvious meaning in *Pierre et Jean*, we may perhaps begin by defining its explicit theme on the following lines: Pierre's jealousy of his brother's fortune; the steps by which he becomes certain that his mother once had a lover; his successive states of mind and his anger; his gradual separation from his family. This is in fact all that the average critic sees in the subject, although there are clear indications (pp. 54 and 138 for example) that Pierre's jealousy involves not only money but Mme Rosémilly. However, the fact escapes Pierre himself and he often (pp. 71, 73, 82) expresses the idea that he neither loves nor admires her. Now on each occasion Maupassant is at pains to show, without stating it, how prominently Mme Rosémilly figures in Pierre's thoughts. On the first of these occasions, Pierre is made to reflect in a way which sets in stark opposition his conscious and his subconscious self:

— Donc j'ai été jaloux de Jean, pensait-il. C'est vraiment assez bas, cela! J'en suis sûr maintenant, *car la première idée qui m'est venue est celle de son mariage avec Mme Rosémilly. Je n'aime pourtant pas cette petite dinde raisonnable...*[1]

The same thought of his brother's marriage comes to the surface unexpectedly elsewhere (p. 73) and is accompanied by an expression of contempt for Mme Rosémilly. On another occasion (p. 82), sitting thinking of marriage and women, he suddenly gets up "avec la résolution d'aller faire une petite visite à Mme Rosémilly", only to sit down again just as suddenly with the reflection: "Elle lui déplaisait, celle-là!"

That Mme Rosémilly means far more for Pierre than he is conscious of, and that this is one of the effects Maupassant has deliberately sought to produce, comes out well in the curious episode, which would otherwise appear somewhat irrelevant, in which Marowsko and Pierre debate the name to be given to the new liqueur, 'essence de groseille', 'grosélia' or 'groséline' (p. 76). This is followed by Pierre's suddenly informing Marowsko about the legacy. We are to understand, so it seems, that, just as previously the news of the legacy had made Pierre think straight away of Mme Rosémilly, so here the sound of the word *groseille* makes him think of *Rosémilly*, which in turn makes him think of the legacy. This theory is perhaps corroborated by the presence of another example of verbal association in the preceding context (p. 75)—Pierre's likening of Marowsko to Marat, to be explained at least in part by the similar sound of the two names—which may be looked upon as preparing the way for the *groseille* passage. All these details permit the author, by non-analytical means, without departing from the objective technique, to demarcate clearly in his protagonist the conscious and the subconscious.

(b) PIERRE AND HIS MOTHER

This aspect of Pierre's role (which tends ultimately towards the generalization that behaviour is instinctive, not rational) is reinforced by various details, some indirect, which stress his solitary, bachelor state, and has such wide repercussions that his whole attitude towards his mother and her sinful past may appear in the last analysis similar to his attitude towards Jean, that is to say prompted by a sort of jealousy. It would be difficult otherwise to understand how he can be quite so angry with her, for he is after all the

[1] p. 71. My italics.

legitimate child. Moreover, if Pierre himself is capable of thinking that his concern for his mother's past may be motivated by a desire to hurt Jean (p. 93), we in turn may well question the strict ethics of his attitude towards her. In any case it is clear that, once he comes to suspect her, the author ascribes to him reactions so violent that they would be more seemly in an outraged husband than in a son, and the details are so phrased (pp. 104, 116) as to force the reader to reflect that Pierre is usurping a part which belongs in principle to his father.

Perhaps the most cogent detail in this connection is Pierre's remark to his mother, in Ch. VI, about Jean and Mme Rosémilly whom they are watching: "J'apprends comment on se prépare à être cocu." This is a simultaneous attack on his mother and Mme Rosémilly, comparable to his hatred of the women on the beach at Trouville in Ch. V. By bringing together the two trends of Pierre's reactions as examined above, it helps to emphasize the fact that Pierre's conduct, far from being rational, is largely dictated by subconscious phenomena of a sexual nature.

We are doing no more here than to attempt, in the case of a novel which, by virtue of the preface, cries out, as it were, for interpretation, to read into it certain ideas which, since Freud, have become commonplaces (although it would be folly to make them begin with him): the importance of the subconscious and of the Œdipus complex in human behaviour. It would be quite possible to classify the plot as a characteristic variation on the Œdipus theme, rivalry with a brother doing part service for rivalry with the father, and the father-figure thus being triplicated (Roland, Maréchal, Jean) and the mother-figure duplicated (Mme Roland, Mme Rosémilly). But we think such an approach less illuminating than a straightforward comparison of the novel with that other Œdipus drama *Hamlet*[1] (which had so recently been imitated by Paul Bourget also). And heaven forbid that we should seek to explain

[1] Amongst major elements (apart from the hero's attitude towards his mother, his misogyny and his vacillations), one may quote Pierre's soliloquies on the jetty and his efforts (p. 100) to call forth Maréchal's ghost (*cf.* I, iv–v: Hamlet on the platform by the cliffs, learning from his father's ghost of his mother's adultery), the situation in Ch. VI where Pierre and his mother watch Jean and Mme Rosémilly plight their troth (*cf.* III, ii: the play within the play; Hamlet's remark to his mother "Oh, but she'll keep her word" corresponds to Pierre's "J'apprends comment on se prépare à être cocu") and Pierre's being sent to sea (reminiscent of Hamlet's dispatch to England). Such details as the discussion on drinking (p. 87), Roland's objection to Pierre's gloomy expression (p. 120) or the phrase "la moitié de son cœur" (p. 171) have parallels in the play (I, iv; I, ii; III, iv); one might even mention the role of the portrait in the two texts and Polonius as a possible model for Marowsko.

the work in detail by a mother-fixation on the part of Maupassant (Pierre's inglorious role would militate against such an interpretation in any case). It is sufficient for our purpose if we have established, beside an explicit sense, the elements of what could be called a "sens profond et caché".[1]

(c) THE TWO SEXES

The topics raised so far by no means exhaust the scope of the novel. Thanks to the multiplication of roles—Mme Rosémilly, the waitress, and even the maid, in addition to Mme Roland; Roland, Maréchal, Marowsko, in addition to Pierre and Jean—the work becomes a general study of human relations and a kind of contrast between man and woman.

The women in *Pierre et Jean* have much in common, and the main impression is that of a sex rooted in the immediate present, recalling Schopenhauer's definitions as quoted by Maupassant in 1880:

> Elles ne voient que ce qui est sous leurs yeux, s'attachent au présent, prennent l'apparence pour la réalité et préfèrent les niaiseries aux choses les plus importantes. Par suite de la faiblesse de leur raison tout ce qui est présent, visible et immédiat, exerce sur elles un empire contre lequel ne sauraient prévaloir ni les abstractions, ni les maximes établies, ni les résolutions énergiques, ni aucune considération du passé ou de l'avenir, de ce qui est éloigné ou absent... Aussi l'injustice est-elle le défaut capital des natures féminines.[2]

Various details of the novel seem admirably calculated to render these ideas: Mme Roland's attitude in the first half of Ch. I, Mme Rosémilly's in Ch. VI, the waitress's in Ch. IX.[3] The episode (p. 56) which describes the women as incapable of using a telescope may appear to be at one and the same time a piece of objective realism and a symbolic expression of the 'moral myopia' of the female sex.

The duplicity of Mme Roland—she feigns to some extent in her grief at Maréchal's death (Ch. I), she lies about the portrait (Ch. V) and about her intention of consulting Roland (Ch. IX)—and conceivably of Mme Rosémilly, if we suppose that, contrarily to Pierre's belief (p. 93), she does in fact draw from the circumstances of the legacy the same conclusion the waitress draws, has likewise a parallel in Schopenhauer's reference to women's

---

[1] Preface, p. 38.
[2] *La Lysistrata moderne* (*Chroniques*, p. 57).
[3] cf. also pp. 107 and 158.

"fourberie instinctive et leur invincible penchant au mensonge". But this is an age-old view, and in any case it is clear that Mme Roland stands on her own feet, independently of Schopenhauer, as a profoundly real amalgam of conflicting attitudes, a creature at the same time sentimental and hardheaded, cowed and defiant, cunning and tearful.

Certain other features of the women in *Pierre et Jean* have no particular relation with Schopenhauer's opinions. The latter tends to see the female as constant and the male as inconstant, whereas the reverse might appear truer in Maupassant. A series of details which seem to imply on the part of the female a sort of contempt or at least disregard for the male (pp. 60–61, 129, 131, 158–9), as if he were somehow a mere accessory to be taken for granted, would appear to express, rather than Schopenhauer's ideas, those of Maupassant, based perhaps partly on observation of French society and partly no doubt on natural history and Darwinism.[1]

What is derogatory in this picture of the female does not make for the greater glory of the male.

Roland's excitability, his manias, his amusing tyrannical pose are quite explicit, and he even becomes something of a caricature when the author systematically puts into his mouth phrases which are for the reader unconscious allusions to his conjugal misfortunes.[2]

In spite of appearances, Pierre's role, on a slightly higher plane, is to some extent a reduplication of Roland's. Pierre is both a literary type, a modern René or Hamlet, a *raté*, a *fruit sec* like Flaubert's Frédéric (in *L'Éducation sentimentale*), an introspective with a tincture of Schopenhauerian ideas like the hero of Zola's *La Joie de Vivre*[3] (1884), Rod's *Course à la mort* (1885), or Paul Adam's *Soi* (1886), and also a projection of Maupassant the solitary and the pessimist of the diary *Sur l'eau* (1888). The author's attitude towards him is understandably ambivalent, one of sympathy and also of irony.

After toying with various professions like Flaubert's Frédéric and Zola's Lazare in *La Joie de Vivre*, the restless Pierre (who paces up and down even within doors) spends his time on walks and excursions, on self-examinations and speculations which only at long last bring him to the truth about his mother and never really bring him at all to the truth about himself,

---

[1] *cf.* also Strindberg's *Les Mariés* (Paris, 1885).

[2] *cf.* pp. 66, 68, etc.—Vial (p. 527, n. 3) lists some of these points.

[3] Set on the coast of Lower Normandy. Chanteau, the father of the hero Lazare, resembles to some extent Roland senior (*cf.* Vial, p. 400 and n. 5, for this and other analogies).—Conversely, Zola evokes Le Havre in *La Bête humaine* (1890).

namely that not just some but all his reactions spring from deep-rooted instincts. His reflections are so contrived (Ch. II–V) as to discredit each other to a large extent and certainly to demonstrate (without the author stating the fact directly, as does Mme de La Fayette in *La Princesse de Clèves*) his inability thoroughly to analyse himself. He is explicitly a creature of impulse rather than reason, as we have already seen, and he believes in his mother's guilt only when her dissimulation over the portrait[1] makes it impossible for him to do otherwise. His torturing of her and his self-torture in the following chapters are in keeping with the rest. Altogether, he represents a mass of imperfections, about which we must not complain (for it is they which make him profoundly human and pitiable) but which hardly recommend him as a reasonable being.

If we consider, finally, all that is juvenile in the external behaviour of the younger brother Jean,[2] and the fact that his self-examination at the beginning of Ch. VIII is just as devoid as Pierre's of any rational principle, amounting to no more than embroidery on the basic promptings of self-interest,[3] it will be clear that man's vaunted reason is the object of such considerable irony in this novel that his claim to superiority over the female would appear utterly laughable. Both sexes, in this respect, are eventually reduced to the same level, and we are left with a definition in terms of mechanics: the mobility of the male, the stability of the female. At the same time, the behaviour of the individual seems a mere manifestation of the 'Will of the Species' or of what Schopenhauer calls 'the Will' purely and simply, the working of which is so admirably illustrated in the paragraphs Maupassant devotes to the beach at Trouville (pp. 112–3):

> Toutes ces femmes parées voulaient plaire, séduire et tenter quel-qu'un... Et ces hommes... les chassaient comme un gibier souple et fuyant, bien qu'il semblât si proche et si facile... Et il songea que sur la terre entière c'était toujours la même chose...

---

[1] Ch. V. The portrait serves this purpose of proving in his eyes her guilt; it is also used, with an admirable economy of means, to make it known to Mme Roland *that Pierre knows* of her guilt. It is *not* used in what would have been the obvious way: to prove that Jean resembles Maréchal. Although there is a portrait episode in *Hamlet*, and a rather different one in *André Cornélis*, the episode in *Pierre et Jean* recalls rather, by its subtlety and its doubleness, if not exactly by the precise details, *La Princesse de Clèves* (II and III).

[2] *cf.* especially Ch. VII.

[3] *cf.* also pp. 126 and 140.

(*d*) EMOTION, HUMOUR, REALISM, THE ROLE OF THE BACKGROUND

Taken at face value, *Pierre et Jean* offers pathetic, comic and realistic elements which are largely self-evident.

Emotion, which was a criterion of literary worth for Maupassant and, as we have seen, for the early critics, is confined in principle to the roles of Pierre and his mother. The pathos of Pierre's part has already been referred to. His agony in the harbour (Ch. IV) and his mad ravings in Ch. VII deserve mention, whilst elsewhere he laments, in tones reminiscent of Schopenhauer, on the misery of life in general, as in his reflections on the emigrants (p. 167) or in the development (p. 162):

> Plus de sol sous les pas... Et il se trouvait condamné à cette vie de forçat[1] vagabond, uniquement parce que sa mère s'était livrée aux caresses d'un homme...

By comparison with his sorrows, which are not envisaged as ending, those of his mother appear episodic. They reach a climax in Ch. VII, in her confession to Jean, where she attains, like Pierre, to the notion of universal suffering:

> Je m'étais donnée à lui tout entière, corps et âme, pour toujours, avec bonheur, et pendant plus de dix ans j'ai été sa femme comme il a été mon mari devant Dieu qui nous avait faits l'un pour l'autre. Et puis j'ai compris qu'il m'aimait moins. Il était toujours bon et prévenant, mais je n'étais plus pour lui ce que j'avais été. C'était fini! Oh! que j'ai pleuré!... Comme c'est misérable et trompeur, la vie!... Il n'y a rien qui dure... Et nous sommes arrivés ici; et jamais je ne l'ai plus revu, jamais il n'est venu... Il promettait dans toutes ses lettres!... Je l'attendais toujours!... et je ne l'ai plus revu!... et voilà qu'il est mort! Mais il nous aimait encore puisqu'il a pensé à toi...

This speech, while moving the reader, suggests Mme Roland's intellectual limitations and her capacity for illusion, and in the rest of the book Maupassant's conception of her as both sentimental and matter-of-fact[2] produces necessarily a comic effect at times. This has proved a stumbling-block for some critics. Cogny, morally indignant, and unable to conceive that Mme Roland may be both amusing and pitiable for Maupassant (as Emma Bovary is for Flaubert), feels the need to declare her shameless, deceitful and incapable of arousing our pity.[3] But Pierre is equally the object

---

[1] Schopenhauer sees the world as 'a penal settlement'.—It is a question here of *the misery of being born at all* (as in Schopenhauer or Lucretius).

[2] *cf.* pp. 96, 159 and *passim.*

[3] pp. lxxiii–iv.

of obvious mockery by the author[1] without his role being any the less pathetic.

Such comic touches, which are the hall-mark of reality, figure of course still more prominently in the part of Roland, constantly in contrast with the gravity of the main theme. From one point of view, they merge with explicit details of satire and irony to produce an impression of detachment on the author's part and to correct, in principle, any effect of undue pathos.

The same might be said of all those material, prosaic and minutely observed[2] details, some satirical, on rooms and furnishings, fish and fishing, food and drink, with conversations, often on these same topics and sometimes deliberately banal,[3] which recur in the novel. They serve not only to fill in the concrete background, but deliberately to dilute and understate the psychological drama. The same restraint characterizes also the ending, which is on a rather comic note, and the treatment of Pierre's[4] and Mme Rosémilly's[5] roles in particular.

As for the wider background: the harbour, the shipping, the whole estuary of the Seine, the sea and the sky, all serve similarly as a necessary *décor* and descriptions of them alternate with details on the human problem. This scenery has also, in the opinion of the present writer, two further intentions. Firstly, the vastness of the background tends to suggest the insignificance of this private squabble in the scheme of things.[6] Secondly, the movement of the shipping, of the tide, of the heavenly bodies, stands somehow in parallel with the movement of the protagonists, implying the presence of one and the same aimless activity at every level of the animate and inanimate universe. With regard to this last point a similar procedure is characteristic of Zola who, in *La Joie de Vivre*, for example, makes of the sea the vehicle of a complex symbolism and employs a series of humans and animals to express the universality of suffering, as also of the will to live. Furthermore, what is involved in *Pierre et Jean*, from this point of view, corresponds closely to another aspect of the book, the reduplication of episodes on the human plane. Thus, for example, if the launching of

[1] *cf.* the naming of the liqueur (Ch. II), his day-dream (Ch. III), his lecture on drugs (Ch. IX).

[2] Even the smallest details are meticulously rendered; *cf.*, for example pp. 51–2 (the fish), p. 56 (a blurred effect), p. 95 (the fog), p. 124 (colours).

[3] *cf.* pp. 82, 93, 135.

[4] p. 166, etc.

[5] pp. 129 and 158.

[6] The point is made explicitly on p. 72; *cf.* also p. 60 ("un peu écrasées par ce vaste horizon") and p. 131 ("ce large espace…").

the *Lorraine* symbolizes Pierre's separation from his parent, this theme has already been repeatedly rehearsed in Pierre's walks to the harbour and round the town, in his trip to sea and then to Trouville.[1]

Vial considers these descriptive passages as 'functional',[2] in the sense that they express the character's state of mind, and it is in the nature of things that they should sometimes play this part. But to limit them to this role seems quite unacceptable and a betrayal of the text. For the rest it is scarcely necessary to dwell on the interest of some of this matter as word-painting, rivalling the canvases of such contemporary painters of Le Havre and the Normandy coast as Boudin and Monet. But the notion[3] that these descriptions are there to compensate for what is prosaic in the novel shows little insight into artistic problems (prosaic and poetic elements count alike as imitation of reality). It seems a worthy pendant to the belief, seriously entertained by some critics, that *Pierre et Jean* is a good novel because there is not much of it!

(e) FORM AND STYLE

This question of the descriptive passages (and the same could be said of other aspects of the subject matter discussed above) has a close bearing also on the problem of form. It is the distribution and recurrence of these elements which determines, as much as anything else, the shape of the novel. In the body of the work, the reduplication of the same theme—the harbour in Ch. II and Ch. IV, sailing in Ch. IV and Ch. V, the beach and the sea in Ch. V and Ch. VI—constitutes already a system of linking. But most of these themes run from beginning to end, and indeed perhaps the most striking feature of the form is the detailed parallelism of the opening situation and of the concluding one (the family on *La Perle*, the sea and shipping, the approach and disappearance, in three stages, of the larger vessel). Along with the role of Marowsko and the waitress, who appear in the first chapters, then again in Ch. IX, this engenders a symmetry of beginning and ending calculated to unify the whole.

Another element of symmetry is to be found in the fact that, very approximately, Ch. II, III, IV, and V might be looked upon as devoted to

---

[1] Chapters II, III, IV, V. One may compare in Flaubert's *Un Cœur simple*, Victor's longer and longer voyages, culminating in the one from which he does not return.

[2] p. 401.

[3] *cf.* Schmidt, p. 826; Cogny, p. lxii: the idea is a distortion of Vial, p. 400.

Pierre, and Ch. VI, VII, and VIII to Jean. But this is an over-simplification which leaves out of account Mme Roland, for example. In *Pierre et Jean*, as in Balzac's *Le Père Goriot* (which novel's day by day scheme[1] and lunch-dinner pattern also announce our text), we have in fact a twofold *drame*, that of Mme Roland and that of Pierre, which overlaps the other, just as Rastignac's drama overlaps Goriot's.

The idea of the early critics, that *Pierre et Jean* is a "drame serré en trois actes", has been taken over by certain moderns, although Maupassant's preface seems strongly to discount it. This theory would make no allowance for the numerous subdivisions that occur within Ch. II to VII (the 'action' as opposed to Ch. I, the exposition, and Ch. VIII and IX, the dénouement).

While it is indisputable that, from the point of view of external events, the book comes to a climax in Ch. VI and VII, which offer no fewer than three highlights in rapid succession (Pierre's attack on his mother, his attack on Jean, and Mme Roland's access of grief), one should not overlook Pierre's crises in Ch. IV and V, or Mme Roland's as late as Ch. IX (when she loses Pierre). The work is far from presenting the traditional form of plot in which everything moves towards one single crucial point. Furthermore a tripartite division into exposition, action and dénouement does not really provide a form at all in the sense Maupassant and Flaubert attached to the term. Above all, it seems misguided to ascribe any great importance to external events and the plot as such when, clearly, the author's object in many sections, and even in the whole book, is pure and simple characterization. Thus, for example, the first part of Ch. I aims at a contrast of the two sexes (the excitable male and the placid female) which, with the rivalry involved in the rowing-match, prefigures almost all that is to follow, and Ch. VIII similarly consists almost entirely of character-study, devoted to Jean, Mme Rosémilly and Mme Roland.

On the whole it is difficult to see how the work can be divided into less than seven or so major parts:

I. The whole cast (prefiguration and exposition).
II–V. Pierre (instinct, jealousy, despair).
VI*a*. Jean and Mme Rosémilly (instinct).
VI*b*. Pierre (attack on mother).

---

[1] This is partly the scheme of *Crime and Punishment* also; *cf.* in the French translation: 'Il s'éveilla tard le lendemain, après un sommeil agité qui ne lui rendit pas de forces' (Vol. I, p. 33); 'Il dormit beaucoup plus longtemps que de coutume et sans faire de rêves' (p. 82), etc.

VII*a*. Pierre (attack on Jean).

VII*b*. Mother (grief).

VII*b*–VIII*a*. Jean (filial love; instinctive egoism).

VIII*b*–IX*a*. Mother, then Pierre (grief).

IX*b*. Whole cast.

Tending towards symmetry, this plan yet remains remarkably free and artistic, which applies also to the smallest details of the arrangement.[1] *Pierre et Jean* certainly does not deserve Mitterand's strictures on "l'épaisseur de certaines coutures".[2] As the novel is almost entirely in chronological order[3] and the chapters end very naturally either with night or with a change of scene, the only real basis for such a charge is the fact that Ch. VI represents a departure from the system of Ch. II to V, in which Pierre occupies the foreground. Now, not only does the mere title of the book prepare us for some separate study of Jean, but the collective treatment in Ch. I justifies sufficiently Ch. VI, while the recurrence of certain themes throughout the novel helps still further to make up for any break in continuity. Far from speaking of 'clumsy seams', especially in the plural, one should admire Maupassant's skill in arranging, preparing and fusing his matter, in varying the point of view and the tempo[4] of the narrative.

Is *Pierre et Jean* a *roman objectif* or a *roman d'analyse*, in the sense the preface ascribes to these terms? As in the 'psychological novel', the hero is given to self-analysis, and the author reports his reflections just as he reports, momentarily, those of Jean. Maupassant even respects to a certain extent the tradition which requires that the hero should wait until he is alone before plunging into meditation. But the space accorded to external details in *Pierre et Jean* and the relative scarcity of purely abstract psychological developments make of the work something hardly less solid and tangible, in the end, than *Madame Bovary*.

While he allows for the various levels of consciousness and, with great

---

[1] *cf.*, for example, the way in which Maupassant introduces the account of the geographical setting in Ch. I, or Marowsko's portrait in Ch. II; his handling of the play within a play in Ch. VI; his skill in rounding off Ch. I, III, VIII, for example, or in preparing, at the end of Ch. V, the change of method involved in Ch. VI.

[2] *cf.* the Bibliography.

[3] The beginning of Ch. VI involves a slight jump in time, compensated for by the skilful insertion of retrospective details. The rest of this chapter and of course the exposition entail also some degree of retrospection.

[4] As in Ch. VI and Ch. IX.

subtlety, for the disguises assumed by self-interest in human motivation, Maupassant's approach to psychology is yet a materialist one in that reflection appears a mere outgrowth of the physical instinct for survival and propagation. Maupassant treats his characters' ideas with no more respect than he would show for automatic reflexes, and the ancillary character of the human reason is amply demonstrated by the book. Our attitudes are seen to vary according to material circumstances.[1]

Pierre, who is aware of this dependent character of the reason and of the role played by our 'other self',[2] also shows considerable powers of deduction, as in his reflections on Maréchal.[3] But his examinations of his own soul seem to demonstrate more than anything else his inability to analyse himself correctly, and the novel has thus the makings of a parody of the *roman d'analyse* such as *La Princesse de Clèves* only very remotely foreshadows.

In the analytical sections proper, one of Maupassant's most striking differences from Bourget, the principal exponent of the psychological novel, is a technical one: his attempt to avoid appearing in the role of omniscient author, capable of reporting directly all his characters' thoughts, of deciding as to the rightness or wrongness, the why and the wherefore of each one, and leaving nothing whatsoever to be inferred by the reader. This effect Maupassant obtains by employing predominantly the *discours indirect libre*[4] (of which Flaubert was so fond), but with an admixture of author's comments, of monologues in direct speech such as Stendhal, Dostoevsky and Bourget use (the character is supposed to be talking to himself) and of maxim-like statements in the present tense, of which one cannot be sure whether they emanate from the author or the character.[5] The net result, somewhat as in Zola's *L'Assommoir* (1877), is a form of speech which adapts itself to the ideas of the protagonists and which, in Maupassant's case, is so artfully arranged as not only to preserve to a considerable degree the author's impersonality, his air of non-participation, but also to elude the objection raised against the conventions of the analytical novel in the preface (p. 42), namely that people do not confess their thoughts and that no observer can

[1] *cf.* pp. 79, 92, etc.

[2] *cf.*, for example, pp. 71 and 93.

[3] p. 101. This is to some extent reminiscent of Raskolnikov's ratiocinations on the judge Porphyry in *Crime and Punishment*, or the hero's reconstruction of his stepfather's crime in Bourget's *André Cornélis*.

[4] Speech (or thought) reported by means of an imperfect tense, without the indication "he said" (or "he thought").

[5] See, for example, pp. 81–2 of the text: "Nos besognes..." and the following paragraphs.

read their minds. For a system is thus created in which, quite often, one can firmly point neither to the author nor to the character as the spokesman.

Maupassant carries this kind of procedure to its extreme conclusion on those occasions when he notes a point analytically and also at the same time via external appearances.[1] His insistence on the latter is of course inescapable, and he will regularly replace analysis, in a most effective way, by the notation of gestures and behaviour.[2] His references to mental phenomena in terms of physical feelings, and his adherence to concrete terminology when handling abstractions, are equally noteworthy.[3] Everything merges into a continuum of external descriptions and situations to produce a closely knit fabric of concrete and abstract, of psychological and physical detail, comparable to Flaubert's novels in that it is so conceived as to give (or to appear to give) the last word to tangible reality, and of course to exclude any direct expression of the author's opinions.

The allusions made above to concrete terminology and to the *discours indirect libre* already broach the question of 'style' in the narrow sense. This question has been treated in considerable detail by Vial,[4] who discusses Maupassant's vocabulary and syntax, his use of figures of speech and expressive sound and rhythm, and his addiction to the 'phrase en éventail' (a sentence with a series of juxtaposed members tending, although some variation is possible in this respect, to open out progressively), 'essayage des termes' (cases where the writer, whether or not repeating textually part of his phrase, 'tries out' a *series* of definitions of his meaning), and ternary patterns, often subtly disguised, and varied by means of binary constructions. It seems desirable here to limit the discussion to certain general considerations not particularly stressed by Vial.

As in the case of Flaubert, Maupassant's style should be assessed, not *a priori*, but with reference to its purpose, which is concrete evocation and/or indirect communication of the author's attitude. Not only does Maupassant observe Flaubert's requirement of impersonality (for an opinion is necessarily abstract), but he shares, at least intermittently, all his horror of the cliché and the approximate word, of repetition and verbosity. He is perhaps to be considered as at his best when, having at his disposal a great number of

---

[1] cf. p. 117 ("Il faillit dire..."). Elswhere Maupassant employs a dubitative formula such as "sans doute" (p. 136) or "il se figura" (p. 111).

[2] pp. 76, 84, 88, 133. Some of the gestures made by the characters (p. 121, 131, 141) are infinitely more eloquent than any analysis could possibly be.

[3] pp. 70, 106, etc.

[4] pp. 569–611.

sensory or psychological details of a particular nature (for it is in principle the particular rather than the vague which is evocative), he notes them in their succession, briefly, without cliché, using the exact terms necessary, and with a minimum of ornament, as in the following passage, which is remarkable too for its complete freedom of structure:

> Le père Roland saisit la manne entre ses genoux, la pencha, fit couler jusqu'au bord le flot d'argent des bêtes pour voir celles du fond, et leur palpitation d'agonie s'accentua, et l'odeur forte de leur corps, une saine puanteur de marée, monta du ventre plein de la corbeille.[1]

However, elsewhere in this novel, especially in non-narrative developments, he tends to organize his matter, sometimes in long periods, according to the sort of set patterns noted by Vial. In some 'phrases en éventail', each element is different from its neighbour and no repetition is involved. Thus:

> Et les yeux fixes devant lui, gesticulant, dans une frénésie de désespoir, avec des sanglots dans la gorge, des retours de haine contre lui-même, il parlait...[2]

But in other cases we have 'essayage des termes', phrases in apposition, all on the same point and involving repetition in that respect and sometimes by virtue of recurring words, as in the following passage, which is also an example of a ternary structure:

> Il avait un gros ventre de boutiquier, rien qu'un ventre où semblait réfugié le reste de son corps, un de ces ventres mous d'hommes toujours assis qui...[3]

Clearly such passages can be looked upon individually and collectively as somewhat verbose and monotonous. From one angle, it is as if Maupassant, starting from a Flaubertian horror of repetition (which will lead him at times to employ rather artificial groups of synonyms),[4] and having come to realize that *deliberate* repetition is permissible (it is even at times highly effective, as in "le poisson, son poisson"[5]), had gone to the opposite ex-

---

[1] p. 52. *cf.* for a comparable analytical passage, p. 161 ("En ses heures...").
[2] p. 139.
[3] pp. 85–6.
[4] *cf.* the preface p. 35 (*diverses*), and p. 42 (*différentes*).
[5] p. 55.

treme, taking to wholesale repetition by means of juxtaposed approximations and the iteration of words and phrases.[1]

Although such passages can be credited at times with expressive or emotional value, they cannot escape altogether the charge of sameness and monotony which has also been levelled against Flaubert's paragraphs (because of their rhythm). Their overall effect could still be considered, however, as helping to communicate the author's obsession with the repetitive pattern of existence, and one should hesitate before discounting the style of an author whose range includes the most prosaic and the most poetic, capable of handling the most homely dialogue with due regard for the language of different speakers, and of producing such passages as the description of the beach at Trouville,[2] Pierre's reflections "Plus de sol sous les pas..."[3] or the poetic evocation of the sunny South:

> Et Pierre devant ses yeux troublés crut apercevoir le panache de feu du Vésuve tandis qu'au pied du volcan, des lucioles voltigeaient dans les bosquets d'orangers de Sorrente ou de Castellamare![4]

Maupassant's *Pierre et Jean* is then a picture of humanity conceived on far from flattering or consoling lines. Moved by self-interest and animal instincts, each of the characters is a law unto himself, and they quarrel or love, come together or part company, not at the dictates of free will or the moral sense, but of a strict determinism. Apart from this radical simplification of behaviour and the anticipations of Freud, the author's originality of thought consists in having viewed this episode from the standpoint, as it were, of some remote planet, which indeed entailed the equation of parent-child relations with the relations of the sexes, for at that distance certain distinctions which seem clear to us, as for example between demonstrations of love and demonstrations of hate, or between men and fish, would disappear.

Pierre et Jean is at the same time a scrupulously realistic[5] fragment of life

---

[1] *cf.* pp. 92–3, 139, for example.—This echoing style naturally occurs also when no accumulation is involved. *cf.* "la jeune veuve, toute jeune..." (p. 54) and "il regardait..." (p. 88).

[2] pp. 112–3.

[3] p. 162. This is a lyrical passage in free indirect speech, expressive in its sound effects and rhythm, and unfolding characteristically by means of anaphora and repeated or subtly varied patterns.

[4] p. 104. *cf.* Vial, p. 598, on the 'fluid arpeggios' of these lines. One may perhaps compare in Flaubert (*Madame Bovary*, I, viii): "Tivoli, le Vésuve, Castellamare et les Cassines."

[5] Even the role of Roland senior is thought out in detail.

as we know it, firmly set in the material world, and standing like a three-dimensional object before us. The emotion it engenders is in proportion to the reality of the characters, who are the more convincing and moving in that they are both victims and oppressors and admit of no division into good and bad. But from this point of view the text is remarkable for its classic restraint, so that emotion is rendered rather indirectly than directly and the pathos blended discreetly with humour and an all-embracing irony.

That Maupassant should thus confound the tragic and the comic is no more surprising than his departure from traditional form based on plot development, in favour of a many-threaded system of linking derived largely from the non-narrative elements of the subject matter, or than his virtuosity in negotiating the pitfalls presented by the psychological novel and annexing it to the 'objective novel'. These facts make of *Pierre et Jean* an outstanding production technically, just as, from the point of view of invention and observation, the novel seems unsurpassed in Maupassant's fiction.

Bibliography

Includes only works quoted in the Introduction and Notes; abbreviated titles are shown in brackets where necessary.

ARTINIAN (A.): *Maupassant criticism in France*, New York, 1941

BOURGET (P.): *André Cornélis*, Paris, 1887

DEFFOUX (L.): *Le Naturalisme*, Paris, 1929

DOSTOEVSKY (F.): *Le Crime et le Châtiment, traduit du russe par Victor Derély*, Paris, 1884, 2 vols.

DUMESNIL (R.): *Guy de Maupassant*, Paris, 1933 (reprinted 1947, and to be consulted for biography)

FREIMANIS (D.): 'More on the meaning of *Pierre et Jean*' (*French Review*, January 1965, pp. 326–31)

HAINSWORTH (G.): 'Pattern and symbol in . . . Maupassant', *French Studies*, 1951, pp. 1–17 ('Pattern and Symbol')
'Un Thème des romanciers naturalistes: *La Matrone d'Éphèse*', *Comparative Literature*, 1951, pp. 129–51 (*Un Thème*)
'Schopenhauer, Flaubert, Maupassant; conceptual thought and artistic "truth",' *Currents of Thought in French Literature: Essays in memory of G. T. Clapton*, Oxford, 1965, pp. 165–90

MAUPASSANT (G. DE): *Œuvres complètes*, Paris, Conard, 1908–10, reprinted 1926–30 (Introduction by Pol Neveux)
Chroniques, Études, Correspondance, edited by R. Dumesnil, Paris, Gründ, 1938 (*Chroniques*)
Correspondance inédite, edited by A. Artinian and É. Maynial, Paris, Wapler, 1951 (*Correspondance*)
Pierre et Jean: (manuscript) Bibliothèque Nationale, Nouv. acq. françaises 23,282

Pierre et Jean: (first edition) Paris, Paul Ollendorff, 1888
— in the Conard *Œuvres Complètes*, 1909 *(some variants; extracts from critics)*
— edited by R. Dumesnil, A. Gillon, E. Choureau, Paris, Librairie de France, 1935 *(Introduction; variants and extracts from critics largely as in Conard)*
— with an introduction and notes by Aaron Schaffer, The Modern Student's Library, New York, Ch. Scribner's Sons, 1936 (reprinted 1963)
— avec un commentaire par Marcello Spaziani. *Scrittori francesi. Collezione diritta da P. P. Trompeo*, Rome, Signorelli, 1957
— in *Romans*... *notices introductives par A.-M. Schmidt*, Paris, Albin Michel, 1959 (pp. 825–8: 'notice sur *Pierre et Jean*')
— edited by P. Cogny, Classiques Garnier, Paris, 1959 *(Introduction, a few footnotes, list of variants, extracts from critics[1])* (Cogny)
— in *Œuvres complètes, texte établi et présenté par G. Sigaux*, Éditions Rencontre, Lausanne, Vol. X, 1962 *(preface, pp. 11-23)*

MAYNIAL (É.): *La Vie et l'Œuvre de Guy de Maupassant*, Paris, 1906 (Maynial)

TASSART (F.): *Souvenirs sur Guy de Maupassant*, Paris, 1911 (Tassart)
Nouveaux Souvenirs... edited by P. Cogny, Paris, 1962. *(Nouveaux Souvenirs)*

THORAVAL (J.): *L'Art de Maupassant d'après ses variantes*, Paris, 1950

VIAL (A.): *Guy de Maupassant et l'art du roman*, Paris, 1954 *(a monumental thesis;* see the review in *French Studies*, 1957, pp. 71–4) (Vial)

ZOLA (É.): *La Joie de Vivre*, Paris, 1884

Annuaire-Almanach du Commerce Didot-Bottin. Départements et Pays Étrangers, 1885 (Didot-Bottin)

Note

An asterisk in the text which follows indicates that the passage or phrase so marked is commented on in the *Notes* beginning on p. 173.

---

[1] Reviewed by H. Mitterand in *Les Cahiers Naturalistes*, no. 14, 1960, pp. 581-2, who strikes a new note: "*Pierre et Jean* a bien vieilli... Le génie de Maupassant... n'a pu faire que ne sautent aux yeux la fragilité de l'intrigue, la minceur des personnages, l'invraisemblance de plusieurs dialogues, et, pour la composition, l'épaisseur de certaines coutures".

Le Roman

Je n'ai point l'intention de plaider ici pour le petit roman qui suit. Tout au contraire les idées que je vais essayer de faire comprendre entraîneraient plutôt la critique du genre d'étude psychologique que j'ai entrepris dans *Pierre et Jean*.

Je veux m'occuper du Roman en général.

Je ne suis pas le seul à qui le même reproche soit adressé par les mêmes critiques, chaque fois que paraît un livre nouveau.

Au milieu de phrases élogieuses, je trouve régulièrement celle-ci, sous les mêmes plumes:

— Le plus grand défaut de cette œuvre, c'est qu'elle n'est pas un roman à proprement parler.*

On pourrait répondre par le même argument.

— Le plus grand défaut de l'écrivain qui me fait l'honneur de me juger, c'est qu'il n'est pas un critique.

Quels sont en effet les caractères essentiels du critique?

Il faut que, sans parti pris, sans opinions préconçues, sans idées d'école, sans attaches avec aucune famille d'artistes, il comprenne, distingue et explique toutes les tendances les plus opposées, les tempéraments les plus contraires, et admette les recherches d'art* les plus diverses.

Or, le critique* qui, après *Manon Lescaut, Paul et Virginie, Don Quichotte, les Liaisons dangereuses, Werther, les Affinités électives, Clarisse Harlowe, Émile, Candide, Cinq-Mars, René, les Trois Mousquetaires, Mauprat, le Père Goriot, la Cousine Bette, Colomba, le Rouge et le Noir, Mademoiselle de Maupin, Notre-Dame de Paris, Salammbô, Madame Bovary, Adolphe, M. de Camors, l'Assommoir, Sapho,* etc.,* ose encore écrire: « Ceci est un roman et cela n'en est pas un », me paraît doué d'une perspicacité qui ressemble fort à de l'incompétence.

Généralement ce critique entend par roman une aventure plus ou moins vraisemblable, arrangée à la façon d'une pièce de théâtre en trois actes dont le premier contient l'exposition, le second l'action et le troisième le dénouement.

Cette manière de composer est absolument admissible à la condition qu'on acceptera également toutes les autres.

Existe-t-il des règles pour faire un roman, en dehors desquelles une histoire écrite devrait porter un autre nom?

Si *Don Quichotte* est un roman, le *Rouge et le Noir* en est-il un autre? Si *Monte-Cristo* est un roman, l'*Assommoir* en est-il un? Peut-on établir une comparaison entre les *Affinités électives* de Gœthe, les *Trois Mousquetaires* de Dumas, *Madame Bovary* de Flaubert, *M. de Camors* de M. O. Feuillet et *Germinal* de M. Zola? Laquelle de ces œuvres est un roman? Quelles sont ces fameuses règles? D'où viennent-elles? Qui les a établies? En vertu de quel principe, de quelle autorité et de quels raisonnements?

Il semble cependant que ces critiques savent d'une façon certaine, indubitable, ce qui constitue un roman et ce qui le distingue d'un autre, qui n'en est pas un.* Cela signifie tout simplement, que, sans être des producteurs, ils sont enrégimentés dans une école, et qu'ils rejettent, à la façon des romanciers eux-mêmes, toutes les œuvres conçues et exécutées en dehors de leur esthétique.

Un critique intelligent devrait, au contraire, rechercher tout ce qui ressemble le moins aux romans déjà faits, et pousser autant que possible les jeunes gens à tenter des voies nouvelles.

Tous les écrivains, Victor Hugo comme M. Zola,* ont réclamé avec persistance le droit absolu, droit indiscutable, de composer, c'est-à-dire d'imaginer ou d'observer, suivant leur conception personnelle de l'art. Le talent provient de l'originalité, qui est une manière spéciale de penser, de voir, de comprendre et de juger. Or, le critique qui prétend définir le Roman suivant l'idée qu'il s'en fait d'après les romans qu'il aime, et établir certaines règles invariables de composition, luttera toujours contre un tempérament d'artiste apportant une manière nouvelle. Un critique, qui mériterait absolument ce nom, ne devrait être qu'un analyste sans tendances, sans préférences, sans passions, et, comme un expert en tableaux, n'apprécier que la valeur artiste de l'objet d'art qu'on lui soumet. Sa compréhension, ouverte à tout, doit absorber assez complètement sa personnalité pour qu'il puisse découvrir et vanter les livres même qu'il n'aime pas comme homme et qu'il doit comprendre comme juge.

Mais la plupart des critiques ne sont, en somme, que des lecteurs, d'où il résulte qu'ils nous gourmandent presque toujours à faux* ou qu'ils nous complimentent sans réserve et sans mesure.

Le lecteur, qui cherche uniquement dans un livre à satisfaire la tendance naturelle de son esprit, demande à l'écrivain de répondre à son goût prédominant, et il qualifie invariablement de remarquable ou de *bien écrit*, l'ouvrage ou le passage qui plaît à son imagination idéaliste, gaie, grivoise, triste, rêveuse ou positive.*

En somme, le public est composé de groupes nombreux qui nous crient:

— Consolez-moi.

— Amusez-moi.

— Attristez-moi.

— Attendrissez-moi.

— Faites-moi rêver.

— Faites-moi rire.

— Faites-moi frémir.

— Faites-moi pleurer.

— Faites-moi penser.

Seuls, quelques esprits d'élite demandent à l'artiste:

— Faites-moi quelque chose de beau, dans la forme qui vous conviendra le mieux, suivant votre tempérament.

L'artiste essaie, réussit ou échoue.

Le critique ne doit apprécier le résultat que suivant la nature de l'effort; et il n'a pas le droit de se préoccuper des tendances.*

Cela a été écrit déjà mille fois. Il faudra toujours le répéter.

Donc, après les écoles littéraires qui ont voulu nous donner une vision déformée, surhumaine, poétique, attendrissante, charmante ou superbe de la vie, est venue une école réaliste ou naturaliste qui a prétendu nous montrer la vérité, rien que la vérité et toute la vérité.

Il faut admettre avec un égal intérêt ces théories d'art si différentes et juger les œuvres qu'elles produisent, uniquement au point de vue de leur valeur artistique en acceptant *a priori* les idées générales d'où elles sont nées.

Contester le droit d'un écrivain de faire une œuvre poétique ou une œuvre réaliste, c'est vouloir le forcer à modifier son tempérament, récuser son originalité, ne pas lui permettre de se servir de l'œil et de l'intelligence que la nature lui a donnés.

Lui reprocher de voir les choses belles ou laides, petites ou épiques, gracieuses ou sinistres, c'est lui reprocher d'être conformé de telle ou telle façon et de ne pas avoir une vision concordant avec la nôtre.

Laissons-le libre de comprendre, d'observer, de concevoir* comme il lui plaira, pourvu qu'il soit un artiste. Devenons poétiquement exaltés pour juger un idéaliste et prouvons-lui que son rêve est médiocre, banal, pas assez fou ou magnifique. Mais si nous jugeons un naturaliste, montrons-lui en quoi la vérité dans la vie diffère de la vérité dans son livre.

Il est évident que des écoles si différentes ont dû employer des procédés de composition absolument opposés.

Le romancier qui transforme la vérité constante,* brutale et déplaisante, pour en tirer une aventure exceptionnelle et séduisante, doit, sans souci exagéré de la vraisemblance, manipuler les événements à son gré, les préparer et les arranger pour plaire au lecteur, l'émouvoir ou l'attendrir. Le plan de son roman n'est qu'une série de combinaisons ingénieuses conduisant avec adresse au dénouement. Les incidents sont disposés et gradués vers le point culminant et l'effet de la fin, qui est un événement capital et décisif, satisfaisant toutes les curiosités éveillées au début, mettant une barrière à l'intérêt, et terminant si complètement l'histoire racontée qu'on ne désire plus savoir ce que deviendront, le lendemain, les personnages les plus attachants.*

Le romancier,* au contraire, qui prétend nous donner une image exacte de la vie, doit éviter avec soin tout enchaînement d'événements qui paraîtrait exceptionnel. Son but n'est point de nous raconter une histoire, de nous amuser ou de nous attendrir,* mais de nous forcer à penser, à comprendre le sens profond et caché des événements. A force d'avoir vu et médité il regarde l'univers, les choses, les faits et les hommes* d'une certaine façon qui lui est propre et qui résulte de l'ensemble de ses observations réfléchies. C'est cette vision personnelle du monde qu'il cherche à nous communiquer en la reproduisant dans un livre. Pour nous émouvoir, comme il l'a été lui-même par le spectacle de la vie, il doit la reproduire devant nos yeux avec une scrupuleuse ressemblance. Il devra donc composer son œuvre d'une manière si adroite, si dissimulée, et d'apparence si simple, qu'il soit impossible d'en apercevoir et d'en indiquer le plan, de découvrir ses intentions.

Au lieu de machiner une aventure et de la dérouler de façon à la rendre intéressante jusqu'au dénouement, il prendra son ou ses personnages à une certaine période de leur existence et les conduira, par des transitions naturelles, jusqu'à la période suivante.* Il montrera de cette façon, tantôt comment les esprits se modifient sous l'influence des circonstances environnantes, tantôt comment se développent les sentiments et les passions, comment on s'aime, comment on se hait, comment on se combat dans tous les milieux sociaux, comment luttent les intérêts bourgeois, les intérêts d'argent, les intérêts de famille, les intérêts politiques.

L'habileté de son plan ne consistera donc point dans l'émotion ou dans le charme, dans un début attachant ou dans une catastrophe émouvante, mais dans le groupement adroit de petits faits constants d'où se dégagera le sens définitif de l'œuvre. S'il fait tenir dans trois cents pages dix ans d'une vie pour montrer quelle a été, au milieu de tous les êtres qui l'ont entourée, sa signification particulière et bien caractéristique, il devra savoir éliminer, parmi les menus événements innombrables et quotidiens, tous ceux qui lui sont inutiles, et mettre en lumière, d'une façon spéciale, tous ceux qui seraient demeurés inaperçus pour des observateurs peu clairvoyants et qui donnent au livre sa portée, sa valeur d'ensemble.*

On comprend qu'une semblable manière de composer, si différente de l'ancien procédé visible à tous les yeux, déroute souvent les critiques, et qu'ils ne découvrent pas tous les fils si minces, si secrets, presque invisibles, employés par certains artistes modernes à la place de la ficelle unique qui avait nom: l'Intrigue.

En somme, si le Romancier d'hier choisissait et racontait les crises de la vie, les états aigus de l'âme et du cœur, le Romancier d'aujourd'hui écrit l'histoire du cœur, de l'âme et de l'intelligence à l'état normal.* Pour produire l'effet qu'il poursuit, c'est-à-dire l'émotion de la simple réalité et pour dégager l'enseignement artistique qu'il en veut tirer, c'est-à-dire la révélation de ce qu'est véritablement l'homme contemporain devant ses yeux, il devra n'employer que des faits d'une vérité irrécusable et constante.*

Mais en se plaçant au point de vue même de ces artistes réalistes, on doit discuter et contester leur théorie qui semble pouvoir être résumée par ces mots : « Rien que la vérité et toute la vérité. »

Leur intention étant de dégager la philosophie de certains faits constants et courants, ils devront souvent corriger les événements au profit de la vraisemblance et au détriment de la vérité, car

Le vrai peut quelquefois n'être pas vraisemblable.*

Le réaliste, s'il est un artiste, cherchera, non pas à nous montrer la photographie banale de la vie, mais à nous en donner la vision plus complète, plus saisissante, plus probante que la réalité même.

Raconter tout serait impossible, car il faudrait alors un volume au moins par journée, pour énumérer les multitudes d'incidents insignifiants qui emplissent notre existence.

Un choix s'impose donc, — ce qui est une première atteinte à la théorie de toute la vérité.

La vie, en outre, est composée des choses les plus différentes, les plus imprévues, les plus contraires, les plus disparates ; elle est brutale, sans suite, sans chaîne, pleine de catastrophes inexplicables, illogiques et contradictoires qui doivent être classées au chapitre *faits divers*.*

Voilà pourquoi l'artiste, ayant choisi son thème, ne prendra dans cette vie encombrée de hasards et de futilités que les détails caractéristiques utiles à son sujet, et il rejettera tout le reste, tout l'à-côté.

Un exemple entre mille :

Le nombre des gens qui meurent chaque jour par accident est considérable sur la terre. Mais pouvons-nous faire tomber une tuile sur la tête d'un personnage principal, ou le jeter sous les roues d'une voiture, au milieu d'un récit, sous prétexte qu'il faut faire la part de l'accident ?

La vie encore laisse tout au même plan,* précipite les faits ou les traîne indéfiniment. L'art, au contraire, consiste à user de précautions et de préparations, à ménager des transitions savantes et dissimulées, à mettre en pleine lumière, par la seule adresse de la composition, les événements essentiels et à donner à tous les autres le degré de relief qui leur convient, suivant leur importance, pour produire la sensation profonde de la vérité spéciale qu'on veut montrer.

Faire vrai* consiste donc à donner l'illusion complète du vrai, suivant la logique ordinaire des faits, et non à les transcrire servilement dans le pêle-mêle de leur succession.

J'en conclus que les Réalistes de talent devraient s'appeler plutôt des Illusionnistes.

Quel enfantillage, d'ailleurs, de croire à la réalité puisque nous portons chacun la nôtre dans notre pensée et dans nos organes. Nos yeux, nos oreilles, notre odorat, notre goût différents créent autant de vérités qu'il y a d'hommes sur la terre. Et nos esprits qui reçoivent les instructions de ces organes, diversement impressionnés, comprennent, analysent et jugent comme si chacun de nous appartenait à une autre race.

Chacun de nous se fait donc simplement une illusion du monde, illusion poétique, sentimentale, joyeuse, mélancolique, sale ou lugubre suivant sa nature. Et l'écrivain n'a d'autre mission que de reproduire fidèlement cette illusion avec tous les procédés d'art qu'il a appris et dont il peut disposer.

Illusion du beau* qui est une convention humaine! Illusion du laid qui est une opinion changeante! Illusion du vrai jamais immuable!* Illusion de l'ignoble qui attire tant d'êtres! Les grands artistes sont ceux qui imposent à l'humanité leur illusion particulière.

Ne nous fâchons donc contre aucune théorie puisque chacune d'elles est simplement l'expression généralisée d'un tempérament qui s'analyse.

Il en est deux surtout qu'on a souvent discutées en les opposant l'une à l'autre au lieu de les admettre l'une et l'autre, celle du roman d'analyse pure et celle du roman objectif. Les partisans de l'analyse demandent que l'écrivain s'attache à indiquer les moindres évolutions d'un esprit et tous les mobiles* les plus secrets qui déterminent nos actions, en n'accordant au fait lui-même qu'une importance très secondaire. Il est le point d'arrivée, une simple borne, le prétexte du roman. Il faudrait donc, d'après eux, écrire ces œuvres précises et rêvées où l'imagination se confond avec l'observation,* à la manière d'un philosophe composant un livre de psychologie, exposer les causes en les prenant aux origines les plus lointaines, dire tous les pourquoi de tous les vouloirs et discerner toutes les réactions de l'âme agissant sous l'impulsion des intérêts, des passions ou des instincts.

Les partisans de l'objectivité (quel vilain mot!)* prétendant, au contraire, nous donner la représentation exacte de ce qui a lieu dans la vie, évitent avec soin toute explication compliquée, toute dissertation sur les motifs, et se bornent à faire passer sous nos yeux les personnages et les événements.

Pour eux, la psychologie doit être cachée dans le livre comme elle est cachée en réalité sous les faits dans l'existence.

Le roman conçu de cette manière y gagne de l'intérêt, du mouvement dans le récit, de la couleur, de la vie remuante.

Donc, au lieu d'expliquer longuement l'état d'esprit d'un personnage, les écrivains objectifs cherchent l'action ou le geste que cet état d'âme doit faire accomplir fatalement à cet homme dans une situation déterminée. Et ils le font se conduire de telle manière, d'un bout à l'autre du volume, que tous ses actes, tous ses mouvements,* soient le reflet de sa nature intime, de toutes ses pensées, de toutes ses volontés ou de toutes ses hésitations. Ils cachent donc la psychologie au lieu de l'étaler, ils en font la carcasse de l'œuvre, comme l'ossature invisible est la carcasse du corps humain. Le peintre qui fait notre portrait ne montre pas notre squelette.

Il me semble aussi que le roman exécuté de cette façon y gagne en sincérité. Il est d'abord plus vraisemblable, car les gens que nous voyons agir autour de nous ne nous racontent point les mobiles auxquels ils obéissent.

Il faut ensuite tenir compte de ce que, si, à force d'observer les hommes, nous pouvons déterminer leur nature assez exactement pour prévoir leur manière d'être dans presque toutes les circonstances, si nous pouvons dire avec précision: « Tel homme de tel tempérament, dans tel cas, fera ceci », il ne s'ensuit point que nous puissions déterminer, une à une, toutes les secrètes évolutions de sa pensée qui n'est pas la nôtre, toutes les mystérieuses sollicitations de ses instincts qui ne sont pas pareils aux nôtres, toutes les incitations confuses de sa nature dont les organes, les nerfs, le sang, la chair, sont différents des nôtres.

Quel que soit le génie d'un homme faible, doux, sans passions, aimant uniquement la science et le travail, jamais il ne pourra se transporter assez complètement dans l'âme et dans le corps d'un gaillard exubérant, sensuel, violent, soulevé par tous les désirs et même par tous les vices, pour comprendre et indiquer les impulsions et les sensations les plus intimes de cet être si différent, alors même qu'il peut fort bien prévoir et raconter tous les actes de sa vie.

En somme, celui qui fait de la psychologie pure ne peut que se substituer à tous ses personnages dans les différentes situations où il les place, car il lui est impossible de changer ses organes, qui sont les seuls intermédiaires entre la vie extérieure et nous, qui nous imposent leurs perceptions, déterminent notre sensibilité, créent en nous une âme essentiellement différente de toutes celles qui nous entourent. Notre vision, notre connaissance du monde acquise par le secours de nos sens, nos idées sur la vie, nous ne pouvons que les transporter en partie dans tous les personnages dont nous prétendons dévoiler l'être intime et inconnu. C'est donc toujours nous que nous montrons dans le corps d'un roi, d'un assassin, d'un voleur ou d'un honnête homme, d'une courtisane, d'une religieuse, d'une jeune fille ou d'une marchande aux halles, car nous sommes obligés de nous poser ainsi le problème : « Si j'étais roi, assassin, voleur, courtisane, religieuse, jeune fille ou marchande aux halles, qu'est-ce que *je* ferais, qu'est-ce que *je* penserais, comment est-ce que *j*'agirais ? » Nous ne diversifions donc nos personnages qu'en changeant l'âge, le sexe, la situation sociale et toutes les circonstances de la vie de notre *moi* que la nature a entouré d'une barrière d'organes infranchissable.*

L'adresse consiste à ne pas laisser reconnaître ce *moi* par le lecteur sous tous les masques divers qui nous servent à le cacher.

Mais si, au seul point de vue de la complète exactitude,* la pure analyse psychologique est contestable, elle peut cependant nous donner des œuvres d'art aussi belles que toutes les autres méthodes de travail.

Voici, aujourd'hui, les symbolistes.* Pourquoi pas ? Leur rêve d'artistes est respectable ; et ils ont cela de particulièrement intéressant* qu'ils savent et qu'ils proclament l'extrême difficulté de l'art.

Il faut être, en effet,* bien fou, bien audacieux, bien outrecuidant ou bien sot, pour écrire encore aujourd'hui ! Après tant de maîtres aux natures si variées, au génie si multiple, que reste-t-il à faire qui n'ait été fait, que reste-t-il à dire qui n'ait été dit ? Qui peut se vanter, parmi nous, d'avoir écrit une page, une phrase qui ne se trouve déjà, à peu près pareille, quelque part ? Quand nous lisons, nous, si saturés d'écriture* française que notre corps entier nous donne l'impression d'être une pâte faite avec des mots, trouvons-nous jamais une ligne, une pensée qui ne nous soit familière, dont nous n'ayons eu, au moins, le confus pressentiment ?*

L'homme qui cherche seulement à amuser son public par des moyens déjà connus, écrit avec confiance, dans la candeur de sa médiocrité,* des œuvres destinées à la foule ignorante et désœuvrée. Mais ceux sur qui pèsent tous les siècles de la littérature passée, ceux que rien ne satisfait, que tout dégoûte, parce qu'ils rêvent mieux, à qui tout semble défloré déjà, à qui leur œuvre donne toujours l'impression d'un travail inutile et commun, en arrivent à juger l'art littéraire une chose insaisissable, mystérieuse, que nous dévoilent à peine quelques pages des plus grands maîtres.*

Vingt vers, vingt phrases, lus tout à coup nous font tressaillir jusqu'au cœur comme une révélation surprenante; mais les vers suivants ressemblent à tous les vers, la prose qui coule ensuite ressemble à toutes les proses.

Les hommes de génie n'ont point, sans doute, ces angoisses et ces tourments, parce qu'ils portent en eux une force créatrice irrésistible. Ils ne se jugent pas eux-mêmes. Les autres, nous autres qui sommes simplement des travailleurs conscients et tenaces, nous ne pouvons lutter contre l'invincible découragement que par la continuité de l'effort.

Deux hommes par leurs enseignements simples et lumineux m'ont donné cette force de toujours tenter: Louis Bouilhet* et Gustave Flaubert.

Si je parle ici d'eux et de moi c'est que leurs conseils, résumés en peu de lignes, seront peut-être utiles à quelques jeunes gens moins confiants en eux-mêmes qu'on ne l'est d'ordinaire quand on débute dans les lettres.

Bouilhet, que je connus le premier d'une façon un peu intime, deux ans environ avant de gagner l'amitié de Flaubert, à force de me répéter que cent vers, peut-être moins, suffisent à la réputation d'un artiste, s'ils sont irréprochables et s'ils contiennent l'essence du talent et de l'originalité d'un homme même de second ordre, me fit comprendre que le travail continuel et la connaissance profonde du métier peuvent, un jour de lucidité, de puissance et d'entraînement, par la rencontre heureuse d'un sujet concordant bien avec toutes les tendances de notre esprit, amener cette éclosion de l'œuvre courte, unique et aussi parfaite que nous la pouvons produire.

Je compris ensuite que les écrivains les plus connus n'ont presque jamais laissé plus d'un volume* et qu'il faut, avant tout, avoir cette chance de trouver et de discerner, au milieu de la multitude des matières qui se présentent à notre choix, celle qui absorbera toutes nos facultés, toute notre valeur, toute notre puissance artiste.

Plus tard, Flaubert,* que je voyais quelquefois, se prit d'affection pour moi. J'osai lui soumettre quelques essais.* Il les lut avec bonté et me répondit: « Je ne sais pas si vous aurez du talent. Ce que vous m'avez apporté prouve une certaine intelligence, mais n'oubliez point ceci, jeune homme, que le talent — suivant le mot de Buffon* — n'est qu'une longue patience. Travaillez. »

Je travaillai, et je revins souvent chez lui, comprenant que je lui plaisais, car il s'était mis à m'appeler, en riant, son disciple.

Pendant sept ans je fis des vers, je fis des contes, je fis des nouvelles, je fis même un drame détestable. Il n'en est rien resté.* Le maître lisait tout, puis le dimanche suivant,* en déjeunant, développait ses critiques et enfonçait en moi, peu à peu, deux ou trois principes qui sont le résumé de ses longs et patients enseignements. « Si on a une originalité, disait-il, il faut avant tout la dégager; si on n'en a pas, il faut en acquérir une. »

— Le talent est une longue patience. — Il s'agit de regarder tout ce qu'on veut exprimer assez longtemps et avec assez d'attention pour en découvrir un aspect qui n'ait été vu et dit par personne. Il y a, dans tout, de l'inexploré, parce que nous sommes habitués à ne nous servir de nos yeux qu'avec le souvenir de ce qu'on a pensé avant nous sur ce que nous contemplons. La moindre chose contient un peu d'inconnu. Trouvons-le. Pour décrire un feu qui flambe et un arbre dans une plaine, demeurons en face de ce feu et de cet arbre jusqu'à ce qu'ils ne ressemblent plus, pour nous, à aucun autre arbre et à aucun autre feu.

C'est de cette façon qu'on devient original.

Ayant, en outre, posé cette vérité qu'il n'y a pas, de par le monde entier, deux grains de sable, deux mouches, deux mains ou deux nez absolument pareils, il me forçait à exprimer, en quelques phrases, un être ou un objet de manière à le particulariser nettement, à le distinguer de tous les autres êtres ou de tous les autres objets de même race ou de même espèce.

« Quand vous passez, me disait-il, devant un épicier assis sur sa porte, devant un concierge qui fume sa pipe, devant une station de fiacres, montrez-moi cet épicier et ce concierge, leur pose, toute leur

apparence physique contenant aussi, indiquée par l'adresse de l'image,*
toute leur nature morale, de façon à ce que je ne les confonde avec
aucun autre épicier ou avec aucun autre concierge, et faites-moi voir,
par un seul mot, en quoi un cheval de fiacre ne ressemble pas aux
cinquante autres qui le suivent et le précèdent. »

J'ai développé ailleurs* ses idées sur le style. Elles ont
de grands rapports avec la théorie de l'observation que je viens
d'exposer.

Quelle que soit la chose qu'on veut dire, il n'y a qu'un mot pour
l'exprimer, qu'un verbe pour l'animer et qu'un adjectif pour la qualifier.
Il faut donc chercher, jusqu'à ce qu'on les ait découverts, ce mot, ce
verbe et cet adjectif, et ne jamais se contenter de l'à peu près, ne jamais
avoir recours à des supercheries, même heureuses, à des clowneries*
de langage pour éviter la difficulté.

On peut traduire et indiquer les choses les plus subtiles en appli-
quant ce vers de Boileau :

D'un mot mis en sa place enseigna le pouvoir.*

Il n'est point besoin du vocabulaire bizarre, compliqué, nombreux*
et chinois* qu'on nous impose aujourd'hui sous le nom d'écriture
artiste,* pour fixer toutes les nuances de la pensée ; mais il faut discerner
avec une extrême lucidité toutes les modifications de la valeur d'un
mot suivant la place qu'il occupe. Ayons moins de noms, de verbes
et d'adjectifs aux sens presque insaisissables, mais plus de phrases
différentes, diversement construites, ingénieusement coupées,* pleines
de sonorités et de rythmes savants. Efforçons-nous d'être des stylistes
excellents plutôt que des collectionneurs de termes rares.

Il est, en effet, plus difficile de manier la phrase à son gré, de lui
faire tout dire, même ce qu'elle n'exprime pas, de l'emplir de sous-
entendus, d'intentions secrètes et non formulées, que d'inventer des
expressions nouvelles ou de rechercher, au fond de vieux livres
inconnus, toutes celles dont nous avons perdu l'usage et la signification,
et qui sont pour nous comme des verbes* morts.

La langue française, d'ailleurs, est une eau pure que les écrivains
maniérés n'ont jamais pu et ne pourront jamais troubler. Chaque
siècle a jeté dans ce courant limpide, ses modes, ses archaïsmes prétentieux et ses préciosités,* sans que rien surnage de ces tentatives inutiles,
de ces efforts impuissants. La nature de cette langue est d'être claire,

logique et nerveuse. Elle ne se laisse pas affaiblir, obscurcir ou corrompre.

Ceux qui font aujourd'hui des images, sans prendre garde aux termes abstraits, ceux qui font tomber la grêle ou la pluie sur la *propreté** des vitres, peuvent aussi jeter des pierres à la simplicité de leurs confrères! Elles frapperont peut-être les confrères qui ont un corps, mais n'atteindront jamais la simplicité qui n'en a pas.*

GUY DE MAUPASSANT

La Guillette, Étretat, septembre 1887.

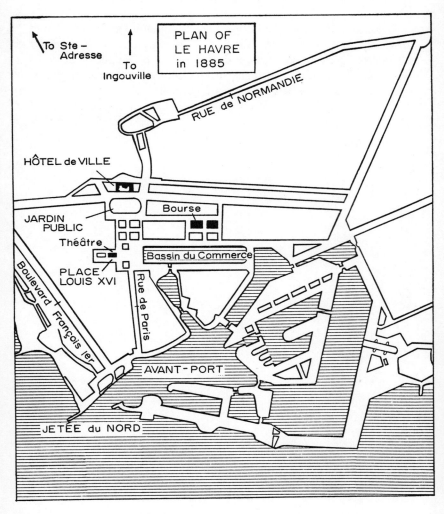

Only those features are included which are specifically mentioned in the text.

Pierre et Jean

I

— Zut! s'écria tout à coup le père Roland qui depuis un quart d'heure demeurait immobile, les yeux fixés sur l'eau, et soulevant par moments, d'un mouvement très léger, sa ligne descendue au fond de la mer.

Mme Roland, assoupie à l'arrière du bateau, à côté de Mme Rosémilly invitée à cette partie de pêche, se réveilla, et tournant la tête vers son mari:

— Eh bien!... eh bien!... Gérôme!

Le bonhomme furieux répondit:

— Ça ne mord plus du tout. Depuis midi je n'ai rien pris. On ne devrait jamais pêcher qu'entre hommes; les femmes vous font embarquer toujours trop tard.

Ses deux fils, Pierre et Jean, qui tenaient, l'un à bâbord, l'autre à tribord, chacun une ligne enroulée à l'index, se mirent à rire en même temps et Jean répondit:

— Tu n'es pas galant pour notre invitée, papa.

M. Roland fut confus* et s'excusa:

— Je vous demande pardon, madame Rosémilly, je suis comme ça. J'invite des dames parce que j'aime me trouver avec elles, et puis, dès que je sens de l'eau sous moi, je ne pense plus qu'au poisson.

Mme Roland s'était tout à fait réveillée et regardait d'un air attendri le large horizon de falaises et de mer. Elle murmura:

— Vous avez cependant fait une belle pêche.

Mais son mari remuait la tête pour dire non, tout en jetant un coup d'œil bienveillant sur le panier où le poisson capturé par les trois hommes palpitait vaguement encore, avec un bruit doux d'écailles gluantes et de nageoires soulevées, d'efforts impuissants et mous, et de bâillements dans l'air mortel.

Le père Roland saisit la manne entre ses genoux, la pencha, fit couler jusqu'au bord le flot d'argent des bêtes pour voir celles du fond, et leur palpitation d'agonie s'accentua, et l'odeur forte de leur corps, une saine puanteur de marée, monta du ventre plein de la corbeille.

Le vieux pêcheur la huma vivement, comme on sent des roses, et déclara :

— Cristi !* ils sont frais, ceux-là !

Puis il continua :

— Combien en as-tu pris, toi, docteur ?

Son fils aîné, Pierre, un homme de trente ans à favoris noirs coupés comme ceux des magistrats, moustaches et menton rasés, répondit :

— Oh ! pas grand'chose, trois ou quatre.

Le père se tourna vers le cadet :

— Et toi, Jean ?

Jean, un grand garçon blond, très barbu, beaucoup plus jeune que son frère, sourit et murmura :

— A peu près comme Pierre, quatre ou cinq.

Ils faisaient, chaque fois, le même mensonge qui ravissait le père Roland.

Il avait enroulé son fil au tolet d'un aviron, et croisant ses bras il annonça :

— Je n'essayerai plus jamais de pêcher l'après-midi. Une fois dix heures passées, c'est fini. Il ne mord plus, le gredin, il fait la sieste au soleil.

Le bonhomme regardait la mer autour de lui avec un air satisfait de propriétaire.

C'était un ancien bijoutier parisien qu'un amour immodéré de la navigation et de la pêche* avait arraché au comptoir dès qu'il eut assez d'aisance pour vivre modestement de ses rentes.

Il se retira donc au Havre,* acheta une barque et devint matelot amateur. Ses deux fils, Pierre et Jean, restèrent à Paris pour continuer leurs études et vinrent en congé de temps en temps partager les plaisirs de leur père.

A la sortie du collège, l'aîné, Pierre, de cinq ans plus âgé que Jean,* s'étant senti successivement de la vocation pour des professions variées, en avait essayé, l'une après l'autre, une demi-douzaine, et, vite dégoûté de chacune, se lançait* aussitôt dans de nouvelles espérances.

En dernier lieu la médecine l'avait tenté, et il s'était mis au travail avec tant d'ardeur, qu'il venait d'être reçu docteur après d'assez courtes études et des dispenses de temps obtenues du ministre.* Il était exalté, intelligent, changeant et tenace, plein d'utopies et d'idées philosophiques.

Jean, aussi blond que son frère était noir, aussi calme que son frère était emporté, aussi doux que son frère était rancunier,* avait fait tranquillement son droit et venait d'obtenir son diplôme de licencié* en même temps que Pierre obtenait celui de docteur.

Tous les deux prenaient donc un peu de repos dans leur famille, et tous les deux formaient le projet de s'établir au Havre s'ils parvenaient à le faire dans des conditions satisfaisantes.

Mais une vague jalousie, une de ces jalousies dormantes qui grandissent presque invisibles entre frères ou entre sœurs jusqu'à la maturité et qui éclatent à l'occasion d'un mariage ou d'un bonheur tombant sur l'un, les tenait en éveil dans une fraternelle et inoffensive inimitié. Certes ils s'aimaient, mais ils s'épiaient. Pierre, âgé de cinq ans à la naissance de Jean, avait regardé avec une hostilité de petite bête gâtée cette autre petite bête apparue tout à coup dans les bras de son père et de sa mère, et tant aimée, tant caressée par eux.

Jean, dès son enfance, avait été un modèle de douceur, de bonté et de caractère égal; et Pierre s'était énervé, peu à peu, à entendre vanter sans cesse ce gros garçon dont la douceur lui semblait être de la mollesse, la bonté de la niaiserie et la bienveillance de l'aveuglement. Ses parents, gens placides, qui rêvaient pour leurs fils des situations honorables et médiocres, lui reprochaient ses indécisions, ses enthousiasmes, ses tentatives avortées, tous ses élans impuissants* vers des idées généreuses et vers des professions décoratives.

Depuis qu'il était homme, on ne lui disait plus: « Regarde Jean et imite-le! » mais chaque fois qu'il entendait répéter: « Jean a fait ceci, Jean a fait cela, » il comprenait bien le sens et l'allusion cachés sous ces paroles.

Leur mère, une femme d'ordre, une économe bourgeoise un peu sentimentale, douée d'une âme tendre de caissière, apaisait sans cesse les petites rivalités nées chaque jour entre ses deux grands fils, de tous les menus faits de la vie commune. Un léger événement, d'ailleurs, troublait en ce moment sa quiétude, et elle craignait une complication, car elle avait fait la connaissance pendant l'hiver, pendant que ses enfants achevaient l'un et l'autre leurs études spéciales, d'une voisine, Mme Rosémilly, veuve d'un capitaine au long cours, mort à la mer deux ans* auparavant. La jeune veuve, toute jeune, vingt-trois ans, une maîtresse femme qui connaissait l'existence d'instinct, comme un animal libre, comme si* elle eût vu, subi, compris et pesé tous les événements possibles, qu'elle jugeait avec un esprit sain, étroit et bienveillant, avait pris l'habitude de venir faire un bout de tapisserie et de causette, le soir, chez ces voisins aimables qui lui offraient une tasse de thé.

Le père Roland, que sa manie de pose marine aiguillonnait sans cesse, interrogeait leur nouvelle amie sur le défunt capitaine, et elle parlait de lui, de ses voyages, de ses anciens récits, sans embarras, en femme raisonnable et résignée qui aime la vie et respecte la mort.

Les deux fils, à leur retour, trouvant cette jolie veuve installée dans la maison, avaient aussitôt commencé à la courtiser, moins par désir de lui plaire que par envie de se supplanter.*

Leur mère, prudente et pratique, espérait vivement qu'un des deux triompherait, car la jeune femme était riche, mais elle aurait aussi bien voulu que l'autre n'en eût point de chagrin.

Mme Rosémilly était blonde avec des yeux bleus, une couronne de cheveux follets envolés à la moindre brise et un petit air crâne, hardi, batailleur, qui ne concordait point du tout avec la sage méthode de son esprit.*

Déjà elle semblait préférer Jean, portée vers lui par une similitude de nature. Cette préférence d'ailleurs ne se montrait que par une presque insensible différence dans la voix et le regard, et en ceci encore qu'elle prenait quelquefois son avis.

Elle semblait deviner que l'opinion de Jean fortifierait la sienne propre, tandis que l'opinion de Pierre devait fatalement être différente.* Quand elle parlait des idées du docteur, de ses idées politiques, artistiques, philosophiques, morales, elle disait par moments: « Vos billevesées. » Alors, il la regardait d'un regard froid de magistrat qui instruit le procès des femmes, de toutes les femmes, ces pauvres êtres!*

Jamais, avant le retour de ses fils, le père Roland ne l'avait invitée à ses parties de pêche où il n'emmenait jamais non plus sa femme, car il aimait s'embarquer avant le jour, avec le capitaine Beausire, un long-courrier retraité, rencontré aux heures de marée* sur le port et devenu intime ami, et le vieux matelot Papagris, surnommé Jean-Bart,* chargé de la garde du bateau.

Or, un soir de la semaine précédente, comme Mme Rosémilly qui avait dîné chez lui disait: « Ça doit être très amusant, la pêche? » l'ancien bijoutier, flatté dans sa passion, et saisi de l'envie de la communiquer, de faire des croyants* à la façon des prêtres, s'écria:

— Voulez-vous y venir?

— Mais oui.

— Mardi prochain?

— Oui, mardi prochain.

— Êtes-vous femme à partir à cinq heures du matin?

Elle poussa un cri de stupeur:

— Ah! mais non, par exemple.

Il fut désappointé, refroidi, et il douta tout à coup de cette vocation. Il demanda cependant:

— A quelle heure pourriez-vous partir?

— Mais.. à neuf heures!

— Pas avant?

— Non, pas avant, c'est déjà très tôt!*

Le bonhomme hésitait. Assurément on ne prendrait rien, car si le soleil chauffe, le poisson ne mord plus; mais les deux frères s'étaient empressés d'arranger la partie, de tout organiser et de tout régler séance tenante.

Donc, le mardi suivant, la *Perle* avait été jeter* l'ancre sous les rochers blancs du cap de la Hève*; et on avait pêché jusqu'à midi, puis sommeillé, puis repêché, sans rien prendre, et le père Roland, comprenant un peu tard que Mme Rosémilly n'aimait et n'appréciait en vérité que la promenade en mer, et voyant que ses lignes ne tressaillaient plus, avait jeté, dans un mouvement d'impatience irraisonnée, un *zut* énergique* qui s'adressait autant à la veuve indifférente qu'aux bêtes insaisissables.

Maintenant il regardait le poisson capturé, son poisson,* avec une joie vibrante d'avare; puis il leva les yeux vers le ciel, remarqua que le soleil baissait:

— Eh bien! les enfants, dit-il, si nous revenions un peu?

Tous deux tirèrent leurs fils, les roulèrent, accrochèrent dans les bouchons de liège les hameçons nettoyés et attendirent.

Roland s'était levé pour interroger l'horizon à la façon d'un capitaine:

— Plus de vent, dit-il, on va ramer, les gars!

Et soudain, le bras allongé vers le nord, il ajouta:

— Tiens, tiens, le bateau de Southampton.

Sur la mer plate, tendue comme une étoffe bleue, immense, luisante, aux reflets d'or et de feu, s'élevait là-bas, dans la direction indiquée, un nuage noirâtre sur le ciel rose. Et on apercevait, au-dessous, le navire qui semblait tout petit de si loin.

Vers le sud on voyait encore d'autres fumées, nombreuses, venant toutes vers la jetée du Havre dont on distinguait à peine la ligne blanche et le phare, droit comme une corne, sur le bout.*

Roland demanda:

— N'est-ce pas aujourd'hui que doit entrer la *Normandie?*

Jean répondit:

— Oui, papa.

— Donne-moi ma longue-vue, je crois que c'est elle, là-bas.

Le père déploya le tube de cuivre, l'ajusta contre son œil, chercha le point,* et soudain, ravi d'avoir vu:

— Oui, oui, c'est elle, je reconnais ses deux cheminées. Voulez-vous regarder, madame Rosémilly?

Elle prit l'objet qu'elle dirigea vers le transatlantique lointain, sans parvenir sans doute à le mettre en face de lui, car elle ne distinguait rien, rien que du bleu, avec un cercle de couleur, un arc-en-ciel tout rond, et puis des choses bizarres, des espèces d'éclipses, qui lui faisaient tourner le cœur.

Elle dit en rendant la longue-vue:

— D'ailleurs je n'ai jamais su me servir de cet instrument-là. Ça mettait même en colère mon mari qui restait des heures à la fenêtre à regarder passer les navires.

Le père Roland, vexé, reprit:

— Ça doit tenir à un défaut de votre œil, car ma lunette* est excellente.

Puis il l'offrit à sa femme:

— Veux-tu voir?

— Non, merci, je sais d'avance que je ne pourrais pas.

Mme Roland, une femme de quarante-huit ans et qui ne les portait* pas, semblait jouir, plus que tout le monde, de cette promenade et de cette fin de jour.

Ses cheveux châtains commençaient seulement à blanchir. Elle avait un air calme et raisonnable, un air heureux et bon qui plaisait à voir. Selon le mot de son fils Pierre, elle savait le prix de l'argent, ce qui ne l'empêchait point de goûter le charme du rêve. Elle aimait les lectures, les romans et les poésies, non pour leur valeur d'art, mais pour la songerie mélancolique et tendre qu'ils éveillaient en elle. Un vers, souvent banal, souvent mauvais, faisait vibrer la petite corde, comme elle disait, lui donnait la sensation d'un désir mystérieux presque réalisé. Et elle se complaisait à ces émotions légères qui troublaient un peu son âme bien tenue comme un livre de comptes.

Elle prenait, depuis son arrivée au Havre, un embonpoint assez visible qui alourdissait sa taille autrefois très souple et très mince.

Cette sortie en mer l'avait ravie. Son mari, sans être méchant, la rudoyait comme rudoient sans colère et sans haine les despotes en boutique* pour qui commander équivaut à jurer. Devant tout étranger il se tenait, mais dans sa famille il s'abandonnait et se donnait des airs terribles, bien qu'il eût peur de tout le monde. Elle, par horreur du bruit, des scènes, des explications inutiles, cédait toujours et ne demandait jamais rien; aussi n'osait-elle plus, depuis bien longtemps, prier Roland de la promener en mer. Elle avait donc saisi avec joie cette occasion, et elle savourait ce plaisir rare et nouveau.

Depuis le départ elle s'abandonnait tout entière, tout son esprit et toute sa chair, à ce doux glissement sur l'eau. Elle ne pensait point, elle ne vagabondait ni dans les souvenirs ni dans les espérances, il lui semblait que son cœur flottait comme son corps sur quelque chose de moelleux, de fluide, de délicieux, qui la berçait et l'engourdissait.

Quand le père commanda le retour : « Allons, en place pour la nage ! » elle sourit en voyant ses fils, ses deux grands fils*, ôter leurs jaquettes et relever sur leurs bras nus les manches de leur chemise.

Pierre, le plus rapproché des deux femmes, prit l'aviron de tribord, Jean l'aviron de bâbord, et ils attendirent que le patron* criât : « Avant partout ! » car il tenait à ce que les manœuvres fussent exécutées régulièrement.

Ensemble, d'un même effort, ils laissèrent tomber les rames puis se couchèrent en arrière en tirant de toutes leurs forces; et une lutte commença pour montrer leur vigueur. Ils étaient venus à la voile tout doucement, mais la brise était tombée et l'orgueil de mâles des deux frères s'éveilla tout à coup à la perspective de se mesurer l'un contre l'autre.

Quand ils allaient pêcher seuls avec le père, ils ramaient ainsi sans que personne gouvernât, car Roland préparait les lignes tout en surveillant la marche de l'embarcation, qu'il dirigeait d'un geste ou d'un mot: « Jean, mollis. » — « A toi, Pierre, souque. » Ou bien il disait: « Allons le *un*, allons le *deux*, un peu d'huile de bras. » Celui qui rêvassait tirait plus fort, celui qui s'emballait devenait moins ardent, et le bateau se redressait.

Aujourd'hui ils allaient montrer leurs biceps. Les bras de Pierre étaient velus, un peu maigres, mais nerveux; ceux de Jean gras et blancs, un peu roses, avec une bosse de muscles qui roulait sous la peau.

Pierre eut d'abord l'avantage. Les dents serrées, le front plissé, les jambes tendues, les mains crispées sur l'aviron, il le faisait plier dans toute sa longueur à chacun de ses efforts; et la *Perle* s'en venait vers la côte.* Le père Roland, assis à l'avant afin de laisser tout le banc d'arrière aux deux femmes, s'époumonait à commander: « Doucement, le *un* — souque, le *deux*. » Le *un* redoublait de rage et le *deux* ne pouvait répondre à cette nage désordonnée.

Le patron, enfin, ordonna: « Stop! » Les deux rames se levèrent ensemble, et Jean, sur l'ordre de son père, tira seul quelques instants. Mais à partir de ce moment l'avantage lui resta; il s'animait, s'échauffait, tandis que Pierre, essoufflé, épuisé par sa crise de vigueur, faiblissait et haletait. Quatre fois de suite, le père Roland fit stopper pour permettre à l'aîné de reprendre haleine et de redresser la barque dérivant. Le docteur alors, le front en sueur, les joues pâles, humilié et rageur, balbutiait:

— Je ne sais pas ce qui me prend, j'ai un spasme au cœur.* J'étais très bien parti, et cela m'a coupé les bras.

Jean demandait:

— Veux-tu que je tire seul avec les avirons de couple?

— Non, merci, cela passera.

La mère ennuyée disait:

— Voyons, Pierre, à quoi cela rime-t-il de se mettre dans un état pareil, tu n'es pourtant pas un enfant.

Il haussait les épaules et recommençait* à ramer.

Mme Rosémilly semblait ne pas voir, ne pas comprendre, ne pas entendre. Sa petite tête blonde, à chaque mouvement du bateau, faisait en arrière un mouvement* brusque et joli qui soulevait sur les tempes ses fins cheveux.

Mais le père Roland cria: « Tenez, voici le *Prince-Albert* qui nous rattrape. » Et tout le monde regarda. Long, bas, avec ses deux cheminées inclinées en arrière et ses deux tambours* jaunes, ronds comme des joues, le bateau de Southampton arrivait à toute vapeur, chargé de passagers et d'ombrelles ouvertes. Ses roues rapides, bruyantes, battant l'eau qui retombait en écume, lui donnaient un air de hâte, un air de courrier pressé; et l'avant tout droit coupait la mer en soulevant deux lames minces et transparentes qui glissaient le long des bords.

Quand il fut tout près de la *Perle*, le père Roland leva son chapeau, les deux femmes agitèrent leurs mouchoirs, et une demi-douzaine d'ombrelles répondirent à ces saluts en se balançant vivement sur le paquebot qui s'éloigna, laissant derrière lui, sur la surface paisible et luisante de la mer, quelques lentes ondulations.

Et on voyait d'autres navires, coiffés aussi de fumée, accourant de tous les points de l'horizon vers la jetée courte et blanche qui les avalait comme une bouche, l'un après l'autre. Et les barques de pêche et les grands voiliers aux mâtures légères glissant sur le ciel, traînés par d'imperceptibles remorqueurs, arrivaient tous, vite ou lentement, vers cet ogre dévorant, qui, de temps en temps, semblait repu, et rejetait vers la pleine mer une autre flotte de paquebots, de bricks, de goélettes, de trois-mâts chargés de ramures emmêlées. Les steamers hâtifs s'enfuyaient à droite, à gauche, sur le ventre plat de l'Océan, tandis que les bâtiments à voile, abandonnés par les mouches qui les avaient halés, demeuraient immobiles, tout en s'habillant, de la grande hune au petit perroquet, de toile blanche ou de toile brune qui semblait rouge au soleil couchant.*

Mme Roland, les yeux mi-clos, murmura:

— Dieu! que c'est beau, cette mer!

Mme Rosémilly répondit, avec un soupir prolongé, qui n'avait cependant rien de triste:

— Oui, mais elle fait bien du mal* quelquefois.

Roland s'écria:

— Tenez, voici la *Normandie* qui se présente à l'entrée. Est-elle grande, hein?*

Puis il expliqua la côte en face, là-bas, là-bas, de l'autre côté de
l'embouchure de la Seine — vingt kilomètres, cette embouchure —
disait-il. Il montra Villerville, Trouville, Houlgate, Luc, Arromanches,
la rivière de Caen, et les roches du Calvados qui rendent la navigation
dangereuse jusqu'à Cherbourg. Puis il traita la question des bancs de
sable de la Seine, qui se déplacent à chaque marée et mettent en défaut
les pilotes de Quillebeuf eux-mêmes, s'ils ne font pas tous les jours le
parcours du chenal. Il fit remarquer comment le Havre séparait la basse
de la haute Normandie. En basse Normandie, la côte plate descendait
en pâturages, en prairies et en champs jusqu'à la mer. Le rivage de la
haute Normandie, au contraire, était droit, une grande falaise, découpée,
dentelée, superbe, faisant jusqu'à Dunkerque une immense muraille
blanche dont toutes les échancrures cachaient un village ou un port:
Étretat, Fécamp, Saint-Valery, Le Tréport, Dieppe,* etc.

Les deux femmes ne l'écoutaient point, engourdies par le bien-être,
émues par la vue de cet Océan couvert de navires qui couraient comme
des bêtes autour de leur tanière; et elles se taisaient, un peu écrasées par
ce vaste horizon d'air et d'eau, rendues silencieuses par ce coucher de
soleil apaisant et magnifique. Seul, Roland parlait sans fin; il était de
ceux que rien ne trouble. Les femmes, plus nerveuses, sentent parfois,
sans comprendre pourquoi, que le bruit d'une voix inutile est irritant
comme une grossièreté.

Pierre et Jean, calmés, ramaient avec lenteur; et la *Perle* s'en allait
vers le port, toute petite à côté des gros navires.

Quand elle toucha le quai, le matelot Papagris qui l'attendait, prit la
main des dames pour les faire descendre; et on pénétra dans la ville.
Une foule nombreuse, tranquille, la foule qui va chaque jour aux
jetées à l'heure de la pleine mer, rentrait aussi.

Mmes Roland et Rosémilly marchaient devant, suivies des trois
hommes. En montant la rue de Paris* elles s'arrêtaient parfois devant
un magasin de modes ou d'orfèvrerie pour contempler un chapeau
ou bien un bijou; puis elles repartaient après avoir échangé leurs
idées.

Devant la place de la Bourse,* Roland contempla, comme il faisait
chaque jour, le bassin du Commerce plein de navires, prolongé par
d'autres bassins, où les grosses coques, ventre à ventre, se touchaient
sur quatre ou cinq rangs. Tous les mâts innombrables, sur une étendue
de plusieurs kilomètres de quais, tous les mâts avec les **vergues, les**

flèches, les cordages, donnaient à cette ouverture au milieu de la ville l'aspect d'un grand bois mort. Au-dessus de cette forêt sans feuilles, les goélands tournoyaient, épiant pour s'abattre, comme une pierre qui tombe, tous les débris jetés à l'eau; et un mousse, qui rattachait une poulie à l'extrémité d'un cacatois, semblait monté là pour chercher des nids.

— Voulez-vous dîner avec nous sans cérémonie aucune, afin de finir ensemble la journée? demanda Mme Roland à Mme Rosémilly.

— Mais oui, avec plaisir; j'accepte aussi sans cérémonie. Ce serait triste de rentrer toute seule ce soir.

Pierre, qui avait entendu et que l'indifférence de la jeune femme commençait à froisser, murmura: « Bon,* voici la veuve qui s'incruste, maintenant. » Depuis quelques jours il l'appelait « la veuve ». Ce mot, sans rien exprimer, agaçait Jean rien que par l'intonation, qui lui paraissait méchante et blessante.

Et les trois hommes ne prononcèrent plus un mot jusqu'au seuil de leur logis. C'était une maison étroite, composée d'un rez-de-chaussée et de deux petits étages, rue Belle-Normande.* La bonne, Joséphine, une fillette de dix-neuf ans, servante campagnarde à bon marché, qui possédait à l'excès l'air étonné et bestial des paysans, vint ouvrir, referma la porte, monta derrière ses maîtres jusqu'au salon qui était au premier, puis elle dit:

— Il est v'nu un m'sieu trois fois.

Le père Roland, qui ne lui parlait pas sans hurler et sans sacrer, cria:

— Qui ça est venu,* nom d'un chien?

Elle ne se troublait jamais* des éclats de voix de son maître, et elle reprit:

— Un m'sieu d'chez l'notaire.

— Quel notaire?

— D'chez m'sieu Canu, donc.*

— Et qu'est-ce qu'il a dit, ce monsieur?

— Qu'm'sieu Canu y viendrait en personne dans la soirée.

M⁰ Lecanu était le notaire et un peu l'ami du père Roland, dont il faisait les affaires. Pour qu'il eût annoncé sa visite dans la soirée, il fallait qu'il s'agît d'une chose urgente et importante; et les quatre Roland se regardèrent, troublés par cette nouvelle comme le sont les gens de fortune modeste à toute intervention d'un notaire, qui éveille une foule d'idées de contrats, d'héritages, de procès, de choses désirables ou redoutables. Le père, après quelques secondes de silence, murmura:

— Qu'est-ce que cela peut vouloir dire?

Mme Rosémilly se mit à rire:

— Allez, c'est un héritage. J'en suis sûre. Je porte bonheur.

Mais ils n'espéraient la mort de personne qui pût leur laisser quelque chose.*

Mme Roland, douée d'une excellente mémoire pour les parentés, se mit aussitôt à rechercher toutes les alliances du côté de son mari et du sien, à remonter les filiations, à suivre les branches des cousinages.

Elle demandait, sans avoir même ôté son chapeau:

— Dis donc, père (elle appelait son mari « père » dans la maison, et quelquefois « monsieur Roland » devant les étrangers), dis donc, père, te rappelles-tu qui a épousé Joseph Lebru, en secondes noces?

— Oui, une petite Duménil, la fille d'un papetier.

— En a-t-il eu des enfants?

— Je crois bien, quatre ou cinq, au moins.

— Non. Alors il n'y a rien par là.

Déjà elle s'animait à cette recherche, elle s'attachait à cette espérance d'un peu d'aisance leur tombant du ciel. Mais Pierre, qui aimait beaucoup sa mère, qui la savait un peu rêveuse, et qui craignait une désillusion, un petit chagrin, une petite tristesse, si la nouvelle, au lieu d'être bonne, était mauvaise, l'arrêta.

— Ne t'emballe pas, maman, il n'y a plus d'oncle d'Amérique!* Moi, je croirais bien plutôt qu'il s'agit d'un mariage pour Jean.

Tout le monde fut surpris à cette idée, et Jean demeura un peu froissé que son frère eût parlé de cela devant Mme Rosémilly.

— Pourquoi pour moi plutôt que pour toi? La supposition est très contestable. Tu es l'aîné; c'est donc à toi qu'on aurait songé d'abord. Et puis, moi, je ne veux pas me marier.

Pierre ricana:

— Tu es donc amoureux?*

L'autre, mécontent, répondit:

— Est-il nécessaire d'être amoureux pour dire qu'on ne veut pas encore se marier?

— Ah! bon,* le « encore » corrige tout; tu attends.

— Admets que j'attends, si tu veux.

Mais le père Roland, qui avait écouté et réfléchi, trouva tout à coup la solution la plus vraisemblable.

— Parbleu! nous sommes bien bêtes de nous creuser la tête. M⁰ Lecanu est notre ami, il sait que Pierre cherche un cabinet de médecin, et Jean un cabinet d'avocat, il a trouvé à caser l'un de vous deux.

C'était tellement simple et probable que tout le monde en fut d'accord.

— C'est servi, dit la bonne.

Et chacun gagna sa chambre afin de se laver les mains avant de se mettre à table.

Dix minutes plus tard, ils dînaient dans la petite salle à manger, au rez-de-chaussée.

On ne parla guère tout d'abord; mais, au bout de quelques instants, Roland s'étonna* de nouveau de cette visite du notaire.

— En somme, pourquoi n'a-t-il pas écrit, pourquoi a-t-il envoyé trois fois son clerc, pourquoi vient-il lui-même?

Pierre trouvait cela naturel.

— Il faut sans doute une réponse immédiate; et il a peut-être à nous communiquer des clauses confidentielles qu'on n'aime pas beaucoup écrire.

Mais ils demeuraient préoccupés et un peu ennuyés tous les quatre d'avoir invité cette étrangère qui gênerait leur discussion et les résolutions à prendre.

Ils venaient de remonter au salon quand le notaire fut annoncé.

Roland s'élança.

— Bonjour, cher maître.

Il donnait comme titre à M. Lecanu le « maître »* qui précède le nom de tous les notaires.

Mme Rosémilly se leva:

— Je m'en vais, je suis très fatiguée.

On tenta faiblement de la retenir; mais elle n'y consentit point et elle s'en alla sans qu'un des trois hommes la reconduisît, comme on le faisait toujours.

Mme Roland s'empressa près du nouveau venu:

— Une tasse de café, monsieur?

— Non, merci, je sors de table.

— Une tasse de thé, alors?

— Je ne dis pas non, mais un peu plus tard, nous allons d'abord parler affaires.

Dans le profond silence qui suivit ces mots on n'entendit plus que le mouvement rythmé de la pendule et, à l'étage au-dessous, le bruit des casseroles lavées par la bonne trop bête même pour écouter aux portes.

Le notaire reprit:

— Avez-vous connu à Paris un certain M. Maréchal, Léon Maréchal?

M. et Mme Roland poussèrent la même exclamation: Je crois bien!

— C'était un de vos amis?

Roland déclara:

— Le meilleur, monsieur, mais un Parisien enragé; il ne quitte pas le boulevard. Il est chef de bureau aux finances. Je ne l'ai plus revu depuis mon départ de la capitale. Et puis nous avons cessé de nous écrire. Vous savez, quand on vit loin l'un de l'autre...

Le notaire reprit gravement:

— M. Maréchal est décédé!

L'homme et la femme eurent ensemble ce petit mouvement de surprise triste, feint ou vrai, mais toujours prompt,* dont on accueille ces nouvelles.

M. Lecanu continua:

— Mon confrère de Paris vient de me communiquer la principale disposition de son testament par laquelle il institue votre fils Jean, M. Jean Roland, son légataire universel.

L'étonnement fut si grand qu'on ne trouvait pas un mot à dire.

Mme Roland, la première, dominant son émotion,* balbutia:

— Mon Dieu, ce pauvre Léon... notre pauvre ami... mon Dieu... mon Dieu... mort!...

Des larmes apparurent dans ses yeux, ces larmes silencieuses des femmes, gouttes de chagrin venues de l'âme qui coulent sur les joues et semblent si douloureuses, étant si claires.*

Mais Roland songeait moins à la tristesse de cette perte qu'à l'espérance annoncée. Il n'osait cependant interroger tout de suite sur les clauses de ce testament, et sur le chiffre de la fortune; et il demanda, pour arriver à la question intéressante:

— De quoi est-il mort, ce pauvre Maréchal?

M. Lecanu l'ignorait parfaitement.

— Je sais seulement, disait-il, que, décédé sans héritiers directs, il laisse toute sa fortune, une vingtaine de mille francs de rentes en obli-

gations trois pour cent,* à votre second fils, qu'il a vu naître, grandir,
et qu'il juge digne de ce legs. A défaut d'acceptation de la part de M.
Jean, l'héritage irait aux enfants abandonnés.

Le père Roland déjà ne pouvait plus dissimuler sa joie et il s'écria:

— Sacristi! voilà une bonne pensée du cœur. Moi, si je n'avais pas
eu de descendant, je ne l'aurais certainement point oublié non plus,
ce brave ami!

Le notaire souriait:

— J'ai été bien aise, dit-il, de vous annoncer moi-même la chose.
Ça fait toujours plaisir d'apporter aux gens une bonne nouvelle.

Il n'avait point du tout songé* que cette bonne nouvelle était la mort
d'un ami, du meilleur ami du père Roland, qui venait lui-même d'oublier
subitement cette intimité annoncée tout à l'heure avec conviction.

Seuls, Mme Roland et ses fils gardaient une physionomie triste.
Elle pleurait toujours un peu, essuyant ses yeux avec son mouchoir
qu'elle appuyait ensuite sur sa bouche pour comprimer de gros
soupirs.

Le docteur murmura:

— C'était un brave homme, bien affectueux. Il nous invitait souvent
à dîner, mon frère et moi.

Jean, les yeux grands ouverts et brillants, prenait d'un geste familier
sa belle barbe blonde dans sa main droite, et l'y faisait glisser, jusqu'aux
derniers poils, comme pour l'allonger et l'amincir.

Il remua deux fois les lèvres pour prononcer aussi une phrase
convenable, et, après avoir longtemps cherché, il ne trouva que ceci:

— Il m'aimait bien, en effet, il m'embrassait toujours quand j'allais
le voir.

Mais la pensée du père galopait; elle galopait* autour de cet héritage
annoncé, acquis déjà, de cet argent caché derrière la porte* et qui allait
entrer tout à l'heure, demain, sur un mot d'acceptation.

Il demanda:

— Il n'y a pas de difficultés possibles?... pas de procès?... pas de
contestations?...

Me Lecanu semblait tranquille:

— Non, mon confrère de Paris me signale la situation comme très
nette. Il ne nous faut que l'acceptation de M. Jean.

— Parfait, alors... et la fortune est bien claire?*

— Très claire.

— Toutes les formalités ont été remplies?
— Toutes.

Soudain, l'ancien bijoutier eut un peu honte, une honte vague, instinctive et passagère de sa hâte à se renseigner, et il reprit:

— Vous comprenez bien que si je vous demande immédiatement toutes ces choses, c'est pour éviter à mon fils des désagréments qu'il pourrait ne pas prévoir. Quelquefois il y a des dettes, une situation embarrassée, est-ce que je sais, moi? et on se fourre dans un roncier inextricable. En somme, ce n'est pas moi qui hérite,* mais je pense au petit avant tout.

Dans la famille on appelait toujours Jean « le petit », bien qu'il fût beaucoup plus grand que Pierre.

Mme Roland, tout à coup, parut sortir d'un rêve, se rappeler une chose lointaine, presque oubliée, qu'elle avait entendue autrefois, dont elle n'était pas sûre d'ailleurs, et elle balbutia:

— Ne disiez-vous point que notre pauvre Maréchal avait laissé sa fortune à mon petit Jean?*

— Oui, madame.

Elle reprit alors simplement:

— Cela me fait grand plaisir, car cela prouve qu'il nous aimait.

Roland s'était levé:

— Voulez-vous, cher maître, que mon fils signe tout de suite l'acceptation?

— Non.. non.. monsieur Roland. Demain, demain, à mon étude, à deux heures, si cela vous convient.

— Mais oui, mais oui, je crois bien!

Alors, Mme Roland qui s'était levée aussi, et qui souriait, après les larmes, fit deux pas vers le notaire, posa sa main sur le dos de son fauteuil, et le couvrant d'un regard attendri de mère reconnaissante, elle demanda:

— Et cette tasse de thé, monsieur Lecanu?

— Maintenant, je veux bien, madame, avec plaisir.

La bonne appelée apporta d'abord des gâteaux secs en de profondes boîtes de fer-blanc, ces fades et cassantes pâtisseries anglaises qui semblent cuites pour des becs de perroquet et soudées en des caisses de métal pour des voyages autour du monde. Elle alla chercher ensuite des serviettes grises, pliées en petits carrés, ces serviettes à thé qu'on ne lave jamais dans les familles besogneuses. Elle revint une troisième fois

avec le sucrier et les tasses; puis elle ressortit pour faire chauffer l'eau.
Alors on attendit.

Personne ne pouvait parler; on avait trop à penser, et rien à dire.
Seule Mme Roland cherchait des phrases banales. Elle raconta la
partie de pêche, fit l'éloge de la *Perle* et de Mme Rosémilly.

— Charmante, charmante, répétait le notaire.

Roland, les reins appuyés au marbre de la cheminée, comme en hiver,
quand le feu brûle, les mains dans ses poches et les lèvres remuantes
comme pour siffler, ne pouvait plus tenir en place, torturé du désir
impérieux de laisser sortir toute sa joie.

Les deux frères, en deux fauteuils pareils, les jambes croisées de la
même façon, à droite et à gauche du guéridon central, regardaient
fixement devant eux, en des attitudes semblables, pleines d'expressions
différentes.*

Le thé parut enfin. Le notaire prit, sucra et but sa tasse, après avoir
émietté dedans une petite galette trop dure pour être croquée; puis
il se leva, serra les mains et sortit.

— C'est entendu, répétait Roland, demain, chez vous, à deux
heures.

— C'est entendu, demain, deux heures.

Jean n'avait pas dit un mot.

Après ce départ il y eut encore un silence, puis le père Roland vint
taper de ses deux mains ouvertes sur les deux épaules de son jeune fils
en criant:

— Eh bien! sacré veinard, tu ne m'embrasses pas?

Alors Jean eut un sourire, et il embrassa son père en disant:

— Cela ne m'apparaissait pas comme indispensable.

Mais le bonhomme ne se possédait plus d'allégresse. Il marchait,
jouait du piano sur les meubles avec ses ongles maladroits, pivotait
sur ses talons, et répétait:

— Quelle chance! quelle chance! En voilà une, de chance!*

Pierre demanda:

— Vous le connaissiez donc beaucoup, autrefois, ce Maréchal?

Le père répondit:

— Parbleu, il passait toutes ses soirées à la maison; mais tu te rappelles bien qu'il allait te prendre au collège, les jours de sortie, et
qu'il t'y reconduisait souvent après dîner. Tiens, justement, le matin de
la naissance de Jean, c'est lui qui est allé chercher le médecin! Il avait

déjeuné chez nous quand ta mère s'est trouvée souffrante. Nous avons compris tout de suite de quoi il s'agissait, et il est parti en courant. Dans sa hâte il a pris mon chapeau au lieu du sien. Je me rappelle cela parce que nous en avons beaucoup ri, plus tard. Il est même probable qu'il s'est souvenu de ce détail au moment de mourir; et comme il n'avait aucun héritier il s'est dit: « Tiens, j'ai contribué à la naissance* de ce petit-là, je vais lui laisser ma fortune. »

Mme Roland, enfoncée dans une bergère, semblait partie en ses souvenirs. Elle murmura, comme si elle pensait tout haut:

— Ah! c'était un brave ami, bien dévoué, bien fidèle, un homme rare, par le temps qui court.

Jean s'était levé:

— Je vais faire un bout de promenade, dit-il.

Son père s'étonna, voulut le retenir, car ils avaient à causer, à faire des projets, à arrêter des résolutions. Mais le jeune homme s'obstina, prétextant un rendez-vous. On aurait d'ailleurs tout le temps de s'entendre bien avant d'être en possession de l'héritage.

Et il s'en alla, car il désirait être seul, pour réfléchir. Pierre, à son tour, déclara qu'il sortait, et suivit son frère, après quelques minutes.

Dès qu'il fut en tête à tête avec sa femme, le père Roland la saisit dans ses bras, l'embrassa dix fois sur chaque joue, et, pour répondre à un reproche qu'elle lui avait souvent adressé:

— Tu vois, ma chérie, que cela ne m'aurait servi à rien de rester à Paris plus longtemps, de m'esquinter pour les enfants, au lieu de venir ici refaire ma santé, puisque la fortune nous tombe du ciel.

Elle était devenue toute sérieuse:

— Elle tombe du ciel pour Jean, dit-elle, mais Pierre?

— Pierre! mais il est docteur, il en gagnera... de l'argent... et puis son frère fera bien quelque chose pour lui.

— Non. Il n'accepterait pas. Et puis cet héritage est à Jean, rien qu'à Jean. Pierre se trouve ainsi très désavantagé.

Le bonhomme semblait perplexe:

— Alors, nous lui laisserons un peu plus par testament, nous.

— Non. Ce n'est pas très juste non plus.

Il s'écria:

— Ah! bien alors, zut!* Qu'est-ce que tu veux que j'y fasse, moi? Tu vas toujours chercher un tas d'idées désagréables. Il faut que tu gâtes tous mes plaisirs. Tiens, je vais me coucher. Bonsoir. C'est égal, en voilà une veine, une rude veine!

Et il s'en alla, enchanté, malgré tout, et sans un mot de regret pour l'ami mort si généreusement.

Mme Roland se remit à songer devant la lampe qui charbonnait.

II

Dès qu'il fut dehors, Pierre se dirigea vers la rue de Paris, la principale rue du Havre, éclairée, animée, bruyante. L'air un peu frais des bords de mer lui caressait la figure, et il marchait lentement, la canne sous le bras, les mains derrière le dos.

Il se sentait mal à l'aise, alourdi, mécontent comme lorsqu'on a reçu quelque fâcheuse nouvelle. Aucune pensée précise ne l'affligeait et il n'aurait su dire tout d'abord d'où lui venait cette pesanteur de l'âme et cet engourdissement du corps. Il avait mal quelque part, sans savoir où; il portait en lui un petit point douloureux, une de ces presque insensibles meurtrissures dont on ne trouve pas la place, mais qui gênent, fatiguent, attristent, irritent, une souffrance inconnue et légère, quelque chose comme une graine de chagrin.*

Lorsqu'il arriva place du Théâtre,* il se sentit attiré par les lumières du café Tortoni, et il s'en vint lentement vers la façade illuminée; mais au moment d'entrer, il songea qu'il allait trouver là des amis, des connaissances, des gens avec qui il faudrait causer; et une répugnance brusque l'envahit pour cette banale camaraderie des demi-tasses* et des petits verres. Alors, retournant sur ses pas, il revint prendre la rue principale qui le conduisait vers le port.

Il se demandait: « Où irais-je bien? » cherchant un endroit qui lui plût, qui fût agréable à son état d'esprit. Il n'en trouvait pas, car il s'irritait d'être seul, et il n'aurait voulu rencontrer personne.

En arrivant sur le grand quai, il hésita encore une fois, puis tourna vers la jetée; il avait choisi la solitude.

Comme il frôlait un banc sur le brise-lames, il s'assit, déjà las de marcher et dégoûté de sa promenade avant même de l'avoir faite.

Il se demanda: « Qu'ai-je donc ce soir? » Et il se mit à chercher dans son souvenir quelle contrariété avait pu l'atteindre, comme on interroge un malade pour trouver la cause de sa fièvre.

Il avait l'esprit excitable et réfléchi en même temps, il s'emballait, puis raisonnait, approuvait ou blâmait ses élans; mais chez lui la nature première demeurait en dernier lieu la plus forte, et l'homme sensitif dominait toujours l'homme intelligent.*

Donc il cherchait d'où lui venait cet énervement, ce besoin de mouvement sans avoir envie de rien, ce désir de rencontrer quelqu'un pour n'être pas du même avis, et aussi ce dégoût pour les gens qu'il pourrait voir et pour les choses qu'ils pourraient lui dire.

Et il se posa cette question: « Serait-ce l'héritage de Jean? »

Oui, c'était possible, après tout. Quand le notaire avait annoncé cette nouvelle, il avait senti son cœur battre un peu plus fort. Certes, on n'est pas toujours maître de soi, et on subit des émotions spontanées et persistantes, contre lesquelles on lutte en vain.

Il se mit à réfléchir profondément à ce problème physiologique de l'impression produite par un fait sur l'être instinctif et créant en lui un courant d'idées et de sensations douloureuses ou joyeuses, contraires à celles que désire, qu'appelle, que juge bonnes et saines l'être pensant, devenu supérieur à lui-même par la culture de son intelligence.

Il cherchait à concevoir l'état d'âme du fils qui hérite d'une grosse fortune, qui va goûter, grâce à elle, beaucoup de joies désirées depuis longtemps et interdites par l'avarice d'un père, aimé pourtant, et regretté.*

Il se leva et se remit à marcher vers le bout de la jetée. Il se sentait mieux, content d'avoir compris, de s'être surpris lui-même, d'avoir dévoilé l'autre qui est en nous.*

— Donc j'ai été jaloux de Jean, pensait-il. C'est vraiment assez bas, cela! J'en suis sûr maintenant, car la première idée* qui m'est venue est celle de son mariage avec Mme Rosémilly. Je n'aime pourtant pas cette petite dinde raisonnable, bien faite pour dégoûter du bon sens et de la sagesse.* C'est donc de la jalousie gratuite, l'essence même de la jalousie, celle qui est parce qu'elle est! Faut* soigner cela!

Il arrivait devant le mât des signaux qui indique la hauteur de l'eau dans le port, et il alluma une allumette pour lire la liste des navires signalés au large et devant entrer à la prochaine marée. On attendait des steamers du Brésil, de la Plata, du Chili et du Japon, deux bricks danois, une goélette norvégienne et un vapeur turc, ce qui surprit

Pierre autant que s'il avait lu « un vapeur suisse »; et il aperçut dans une sorte de songe bizarre un grand vaisseau couvert d'hommes en turban, qui montaient dans les cordages avec de larges pantalons.

— Que c'est bête, pensait-il; le peuple turc est pourtant un peuple marin.

Ayant fait encore quelques pas, il s'arrêta pour contempler la rade. Sur sa droite, au-dessus de Sainte-Adresse,* les deux phares électriques du cap de la Hève, semblables à deux cyclopes monstrueux et jumeaux, jetaient sur la mer leurs longs et puissants regards. Partis des deux foyers voisins, les deux rayons parallèles, pareils aux queues géantes de deux comètes, descendaient, suivant une pente droite et démesurée, du sommet de la côte au fond de l'horizon. Puis sur les deux jetées, deux autres feux, enfants de ces colosses, indiquaient l'entrée du Havre; et là-bas, de l'autre côté de la Seine, on en voyait d'autres encore, beaucoup d'autres, fixes ou clignotants, à éclats et à éclipses, s'ouvrant et se fermant comme des yeux, les yeux des ports, jaunes, rouges, verts, guettant la mer obscure couverte de navires, les yeux vivants de la terre hospitalière disant, rien que par le mouvement mécanique invariable et régulier de leurs paupières: « C'est moi. Je suis Trouville, je suis Honfleur, je suis la rivière de Pont-Audemer.* » Et dominant tous les autres, si haut que, de si loin, on le prenait pour une planète, le phare aérien d'Étouville* montrait la route de Rouen,* à travers les bancs de sable de l'embouchure du grand fleuve.

Puis sur l'eau profonde, sur l'eau sans limites, plus sombre que le ciel, on croyait voir, çà et là, des étoiles. Elles tremblotaient dans la brume nocturne, petites, proches ou lointaines, blanches, vertes ou rouges aussi. Presque toutes étaient immobiles, quelques-unes, cependant, semblaient courir; c'étaient les feux des bâtiments à l'ancre attendant la marée prochaine, ou des bâtiments en marche venant chercher un mouillage.

Juste à ce moment la lune se leva derrière la ville; et elle avait l'air du phare énorme et divin, allumé dans le firmament pour guider la flotte infinie des vraies étoiles.*

Pierre murmura, presque à haute voix: « Voilà, et nous nous faisons de la bile pour quatre sous! * »

Tout près de lui soudain, dans la tranchée large et noire ouverte entre les jetées, une ombre, une grande ombre fantastique, glissa. S'étant penché sur le parapet de granit, il vit une barque de pêche qui rentrait, sans un bruit de voix, sans un bruit de flot, sans un bruit d'aviron, doucement poussée par sa haute voile brune tendue à la brise du large.

Il pensa : « Si on pouvait vivre là-dessus, comme on serait tranquille, peut-être ! » Puis ayant fait encore quelques pas, il aperçut un homme assis à l'extrémité du môle.

Un rêveur, un amoureux, un sage, un heureux ou un triste? Qui était-ce? Il s'approcha, curieux, pour voir la figure de ce solitaire; et il reconnut son frère.

— Tiens, c'est toi, Jean?

— Tiens ... Pierre ... Qu'est-ce que tu viens faire ici?

— Mais je prends l'air. Et toi?

Jean se mit à rire :

— Je prends l'air également.

Et Pierre s'assit à côté de son frère.

— Hein, c'est rudement beau?

— Mais oui.

Au son de la voix il comprit que Jean n'avait rien regardé; il reprit :

— Mois, quand je viens ici, j'ai des désirs fous de partir, de m'en aller avec tous ces bateaux, vers le nord ou vers le sud. Songe que ces petits feux, là-bas, arrivent de tous les coins du monde, des pays aux grandes fleurs et aux belles filles pâles ou cuivrées, des pays aux oiseaux-mouches, aux éléphants, aux lions libres, aux rois nègres, de tous les pays qui sont nos contes de fées à nous qui ne croyons plus à la Chatte blanche ni à la Belle au bois dormant.* Ce serait rudement chic de pouvoir s'offrir une promenade par là-bas; mais voilà, il faudrait de l'argent, beaucoup...

Il se tut brusquement, songeant que son frère l'avait maintenant, cet argent, et que délivré de tout souci, délivré du travail quotidien, libre, sans entraves, heureux, joyeux, il pouvait aller où bon lui semblerait, vers les blondes Suédoises ou les brunes Havanaises.

Puis une de ces pensées involontaires, fréquentes chez lui, si brusques, si rapides qu'il ne pouvait ni les prévoir, ni les arrêter, ni les modifier, venues, semblait-il, d'une seconde âme* indépendante et violente, le traversa : « Bah ! il est trop niais, il épousera la petite Rosémilly. »

Il s'était levé.

— Je te laisse rêver d'avenir; moi, j'ai besoin de marcher.

Il serra la main de son frère, et reprit avec un accent très cordial:

— Eh bien, mon petit Jean, te voilà riche! Je suis bien content de t'avoir rencontré tout seul ce soir, pour te dire combien cela me fait plaisir, combien je te félicite, et combien je t'aime.

Jean, d'une nature douce et tendre,* très ému, balbutiait:

— Merci... merci... mon bon Pierre, merci.

Et Pierre s'en retourna, de son pas lent, la canne sous le bras, les mains derrière le dos.

Lorsqu'il fut rentré dans la ville, il se demanda de nouveau ce qu'il ferait, mécontent de cette promenade écourtée; d'avoir été privé de la mer par la présence de son frère.

Il eut une inspiration: « Je vais boire un verre de liqueur chez le père Marowsko »; et il remonta vers le quartier d'Ingouville.*

Il avait connu le père Marowsko dans les hôpitaux, à Paris. C'était un vieux Polonais, réfugié politique,* disait-on, qui avait eu des histoires terribles là-bas, et qui était venu exercer en France, après nouveaux examens, son métier de pharmacien. On ne savait rien de sa vie passée; aussi des légendes avaient-elles couru parmi les internes, les externes, et plus tard parmi les voisins. Cette réputation de conspirateur redoutable, de nihiliste, de régicide, de patriote prêt à tout, échappé à la mort par miracle, avait séduit l'imagination aventureuse et vive de Pierre Roland; et il était devenu l'ami du vieux Polonais, sans avoir jamais obtenu de lui, d'ailleurs, aucun aveu sur son existence ancienne. C'était encore grâce au jeune médecin que le bonhomme était venu s'établir au Havre, comptant sur une belle clientèle que le nouveau docteur lui fournirait.*

En attendant il vivait pauvrement dans sa modeste pharmacie, en vendant des remèdes aux petits bourgeois et aux ouvriers de son quartier.

Pierre allait souvent le voir après dîner et causer une heure avec lui, car il aimait la figure calme et la rare conversation de Marowsko, dont il jugeait profonds les longs silences.

Un seul bec de gaz brûlait au-dessus du comptoir chargé de fioles. Ceux de la devanture n'avaient point été allumés, par économie. Derrière ce comptoir, assis sur une chaise et les jambes allongées l'une sur l'autre, un vieux homme chauve, avec un grand nez d'oiseau qui, continuant son front dégarni, lui donnait un air triste de perroquet, dormait profondément, le menton sur la poitrine.

Au bruit du timbre il s'éveilla, se leva, et reconnaissant le docteur, vint au-devant de lui, les mains tendues.

Sa redingote noire, tigrée de taches d'acides et de sirops, beaucoup trop vaste pour son corps maigre et petit, avait un aspect d'antique soutane; et l'homme parlait avec un fort accent polonais qui donnait à sa voix fluette quelque chose d'enfantin, un zézaiement et des intona-tions* de jeune être qui commence à prononcer.

Pierre s'assit et Marowsko demanda:

— Quoi de neuf, mon cher docteur?

— Rien. Toujours la même chose partout.

— Vous n'avez pas l'air gai, ce soir.

— Je ne le suis pas souvent.

— Allons, allons, il faut secouer cela. Voulez-vous un verre de liqueur?

— Oui, je veux bien.

— Alors je vais vous faire goûter une préparation nouvelle. Voilà deux mois que je cherche à tirer quelque chose de la groseille, dont on n'a fait jusqu'ici que du sirop... eh bien! j'ai trouvé... j'ai trouvé... une bonne liqueur, très bonne, très bonne.

Et ravi, il alla vers une armoire, l'ouvrit et choisit une fiole qu'il apporta. Il remuait et agissait par gestes courts, jamais complets, jamais il n'allongeait le bras tout à fait, n'ouvrait toutes grandes les jambes, ne faisait un mouvement entier et définitif. Ses idées semblaient pareilles à ses actes; il les indiquait, les promettait, les esquissait, les suggérait, mais ne les énonçait pas.

Sa plus grande préoccupation dans la vie semblait être d'ailleurs la préparation des sirops et des liqueurs. « Avec un bon sirop ou une bonne liqueur, on fait fortune* », disait-il souvent.

Il avait inventé des centaines de préparations sucrées sans parvenir à en lancer une seule. Pierre affirmait que Marowsko le faisait penser à Marat.*

Deux petits verres furent pris dans l'arrière-boutique et apportés sur la planche aux préparations; puis les deux hommes examinèrent en l'élevant vers le gaz la coloration du liquide.

— Joli rubis! déclara Pierre.

— N'est-ce pas?

La vieille tête de perroquet du Polonais semblait ravie.

Le docteur goûta, savoura, réfléchit, goûta de nouveau, réfléchit encore et se prononça:

— Très bon, très bon, et très neuf comme saveur; une trouvaille, mon cher!

— Ah! vraiment, je suis bien content.

Alors Marowsko demanda conseil pour baptiser la liqueur nouvelle; il voulait l'appeler « essence de groseille », ou bien « fine groseille », ou bien « grosélia », ou bien « groséline ».

Pierre n'approuvait aucun de ces noms.

Le vieux eut une idée:

— Ce que vous avez dit tout à l'heure est très bon, très bon: « Joli rubis. »

Le docteur contesta encore la valeur de ce nom, bien qu'il l'eût trouvé, et il conseilla simplement « groseillette », que Marowsko déclara admirable.*

Puis ils se turent et demeurèrent assis quelques minutes, sans prononcer un mot, sous l'unique bec de gaz.

Pierre, enfin, presque malgré lui:

— Tiens, il nous est arrivé une chose assez bizarre, ce soir. Un des amis de mon père, en mourant, a laissé sa fortune à mon frère.

Le pharmacien sembla ne pas comprendre tout de suite, mais, après avoir songé, il espéra* que le docteur héritait par moitié. Quand la chose eut été bien expliquée, il parut surpris et fâché; et pour exprimer son mécontentement de voir son jeune ami sacrifié, il répéta plusieurs fois:

— Ça ne fera pas un bon effet.

Pierre, que son énervement reprenait, voulut savoir ce que Marowsko entendait par cette phrase. — Pourquoi cela* ne ferait-il pas un bon effet? Quel mauvais effet pouvait résulter de ce que son frère héritait la fortune d'un ami de la famille?

Mais le bonhomme circonspect ne s'expliqua pas davantage.

— Dans ce cas-là on laisse aux deux frères également, je vous dis que ça ne fera pas un bon effet.

Et le docteur, impatienté, s'en alla, rentra dans la maison paternelle et se coucha.

Pendant quelque temps, il entendit Jean qui marchait doucement dans la chambre voisine, puis il s'endormit après avoir bu deux verres d'eau.

III

Le docteur se réveilla le lendemain avec la résolution bien arrêtée de faire fortune.

Plusieurs fois déjà il avait pris cette détermination sans en poursuivre la réalité. Au début de toutes ses tentatives de carrière nouvelle, l'espoir de la richesse vite acquise soutenait ses efforts et sa confiance jusqu'au premier obstacle, jusqu'au premier échec qui le jetait dans une voie nouvelle.

Enfoncé dans son lit entre les draps chauds, il méditait.* Combien de médecins étaient devenus millionnaires en peu de temps! Il suffisait d'un grain de savoir-faire, car, dans le cours de ses études, il avait pu apprécier les plus célèbres professeurs, et il les jugeait des ânes. Certes il valait autant qu'eux, sinon mieux. S'il parvenait par un moyen quelconque à capter la clientèle élégante et riche du Havre, il pouvait gagner cent mille francs par an avec facilité. Et il calculait,* d'une façon précise, les gains assurés. Le matin il sortirait, il irait chez ses malades. En prenant la moyenne, bien faible, de dix par jour, à vingt francs l'un, cela lui ferait, au minimum, soixante-douze mille francs par an, même soixante-quinze mille, car le chiffre de dix malades était inférieur à la réalisation certaine. Après midi, il recevrait dans son cabinet une autre moyenne de dix visiteurs à dix francs, soit trente-six mille francs. Voilà donc cent vingt mille francs, chiffre rond.* Les clients anciens et les amis qu'il irait voir à dix francs et qu'il recevrait à cinq francs feraient peut-être sur ce total une légère diminution compensée par les consultations avec d'autres médecins et par tous les petits bénéfices courants de la profession.

Rien de plus facile que d'arriver là avec de la réclame habile, des échos dans le *Figaro* indiquant que le corps scientifique parisien avait les yeux sur lui, s'intéressait à des cures surprenantes entreprises par le jeune et modeste savant havrais.* Et il serait plus riche que son frère, plus riche et célèbre, et content de lui-même, car il ne devrait sa fortune qu'à lui ; et il se montrerait généreux pour ses vieux parents, justement fiers de sa renommée. Il ne se marierait pas, ne voulant point encombrer son existence d'une femme unique et gênante, mais il aurait des maîtresses parmi ses clientes les plus jolies.

Il se sentait si sûr du succès, qu'il sauta* hors du lit comme pour le saisir tout de suite, et il s'habilla afin d'aller chercher par la ville l'appartement qui lui convenait.

Alors, en rôdant à travers les rues, il songea combien sont légères* les causes déterminantes de nos actions. Depuis trois semaines il aurait pu, il aurait dû prendre cette résolution née brusquement en lui, sans aucun doute, à la suite de l'héritage de son frère.

Il s'arrêtait devant les portes où pendait un écriteau annonçant soit un bel appartement, soit un riche appartement à louer, les indications sans adjectif le laissant toujours plein de dédain. Alors il visitait avec des façons hautaines, mesurait la hauteur des plafonds, dessinait sur son calepin le plan du logis, les communications, la disposition des issues, annonçait qu'il était médecin et qu'il recevait beaucoup. Il fallait que l'escalier fût large et bien tenu ; il ne pouvait monter d'ailleurs au-dessus du premier étage.

Après avoir noté sept ou huit adresses et griffonné deux cents renseignements, il rentra pour déjeuner avec un quart d'heure de retard.

Dès le vestibule, il entendit un bruit d'assiettes. On mangeait donc sans lui. Pourquoi? Jamais on n'était aussi exact dans la maison. Il fut froissé, mécontent, car il était un peu susceptible. Dès qu'il entra, Roland lui dit:

— Allons, Pierre, dépêche-toi, sacrebleu! Tu sais que nous allons à deux heures chez le notaire. Ce n'est pas le jour de musarder.

Le docteur s'assit, sans répondre, après avoir embrassé sa mère et serré la main de son père et de son frère ; et il prit dans le plat creux, au milieu de la table, la côtelette réservée pour lui. Elle était froide et sèche. Ce devait être la plus mauvaise. Il pensa qu'on aurait pu la laisser dans le fourneau jusqu'à son arrivée, et ne pas perdre la tête au point d'oublier complètement l'autre fils, le fils aîné. La conversation, interrompue par son entrée, reprit au point où il l'avait coupée.

— Moi, disait à Jean Mme Roland, voici ce que je ferais tout de suite. Je m'installerais richement, de façon à frapper l'œil, je me montrerais dans le monde, je monterais à cheval, et je choisirais une ou deux causes intéressantes pour les plaider et me bien poser au Palais. Je voudrais être une sorte d'avocat amateur très recherché. Grâce à Dieu,* te voici à l'abri du besoin, et si tu prends une profession, en somme, c'est pour ne pas perdre le fruit de tes études et parce qu'un homme ne doit jamais rester à rien faire.

Le père Roland, qui pelait une poire, déclara :

— Cristi ! à ta place, c'est moi qui achèterais un joli bateau, un cotre sur le modèle de nos pilotes.* J'irais jusqu'au Sénégal, avec ça.

Pierre, à son tour, donna son avis. En somme, ce n'était pas la fortune qui faisait la valeur morale, la valeur intellectuelle d'un homme. Pour les médiocres elle n'était qu'une cause d'abaissement, tandis qu'elle mettait au contraire un levier puissant aux mains des forts. Ils étaient rares d'ailleurs, ceux-là. Si Jean était vraiment un homme supérieur, il le pourrait montrer maintenant qu'il se trouvait à l'abri du besoin. Mais il lui faudrait travailler cent fois plus qu'il ne l'aurait fait en d'autres circonstances. Il ne s'agissait pas de plaider pour ou contre la veuve et l'orphelin et d'empocher tant d'écus* pour tout procès gagné ou perdu, mais de devenir un jurisconsulte éminent, une lumière du droit.

Et il ajouta comme conclusion :

— Si j'avais de l'argent, moi, j'en découperais, des cadavres !*

Le père Roland haussa les épaules :

— Tra la la ! Le plus sage dans la vie c'est de se la couler douce. Nous ne sommes pas des bêtes de peine, mais des hommes. Quand on naît pauvre, il faut travailler ; eh bien ! tant pis, on travaille ; mais quand on a des rentes, sacristi ! il faudrait être jobard pour s'esquinter le tempérament.

Pierre répondit avec hauteur :

— Nos tendances ne sont pas les mêmes ! Moi, je ne respecte au monde que le savoir et l'intelligence, tout le reste est méprisable.

Mme Roland s'efforçait toujours d'amortir les heurts incessants entre le père et le fils ; elle détourna donc la conversation, et parla d'un meurtre qui avait été commis, la semaine précédente, à Bolbec-Nointot.* Les esprits aussitôt furent occupés par les circonstances environnant le forfait, et attirés par l'horreur intéressante, par le mystère attrayant des crimes, qui, même vulgaires, honteux et répugnants, exercent sur la curiosité humaine une étrange et générale fascination.

De temps en temps, cependant, le père Roland tirait sa montre:

— Allons, dit-il, il va falloir se mettre en route.

Pierre ricana:

— Il n'est pas encore une heure. Vrai, ça n'était point la peine de me faire manger une côtelette froide.

— Viens-tu chez le notaire? demanda sa mère.

Il répondit sèchement:

— Moi, non, pour quoi faire? Ma présence est fort inutile.

Jean demeurait silencieux comme s'il ne s'agissait point de lui. Quand on avait parlé du meurtre de Bolbec, il avait émis, en juriste, quelques idées et développé quelques considérations sur les crimes et sur les criminels. Maintenant, il se taisait de nouveau, mais la clarté de son œil, la rougeur animée de ses joues, jusqu'au luisant de sa barbe, semblaient proclamer son bonheur.

Après le départ de sa famille, Pierre, se trouvant seul de nouveau, recommença ses investigations du matin à travers les appartements à louer. Après deux ou trois heures d'escaliers montés et descendus, il découvrit enfin, sur le boulevard François Ier,* quelque chose de joli: un grand entresol avec deux portes sur des rues différentes, deux salons, une galerie vitrée où les malades, en attendant leur tour, se promèneraient au milieu des fleurs, et une délicieuse salle à manger en rotonde ayant vue sur la mer.

Au moment de louer, le prix de trois mille francs l'arrêta, car il fallait payer d'avance le premier terme, et il n'avait rien, pas un sou devant lui.*

La petite fortune amassée par son père s'élevait à peine à huit mille francs de rentes, et Pierre se faisait ce reproche d'avoir mis souvent ses parents dans l'embarras par ses longues hésitations dans le choix d'une carrière, ses tentatives toujours abandonnées et ses continuels recommencements d'études. Il partit donc en promettant une réponse avant deux jours; et l'idée lui vint de demander à son frère ce premier trimestre, ou même le semestre, soit quinze cents francs, dès que Jean serait en possession de son héritage.

« Ce sera un prêt de quelques mois à peine, pensait-il. Je le rembourserai peut-être même avant la fin de l'année. C'est tout simple, d'ailleurs, et il sera content de faire cela pour moi. »

Comme il n'était pas encore quatre heures, et qu'il n'avait rien à faire, absolument rien, il alla s'asseoir dans le Jardin public;* et il demeura longtemps sur son banc, sans idées, les yeux à terre, accablé par une lassitude qui devenait de la détresse.

Tous les jours précédents, depuis son retour dans la maison paternelle, il avait vécu ainsi pourtant, sans souffrir aussi cruellement du vide de l'existence et de son inaction. Comment avait-il donc passé son temps du lever jusqu'au coucher?

Il avait flâné sur la jetée aux heures de marée, flâné par les rues, flâné dans les cafés, flâné chez Marowsko, flâné partout. Et voilà que, tout à coup, cette vie, supportée jusqu'ici, lui devenait odieuse, intolérable. S'il avait eu quelque argent il aurait pris une voiture pour faire une longue promenade* dans la campagne, le long des fossés de ferme ombragés de hêtres et d'ormes; mais il devait compter* le prix d'un bock ou d'un timbre-poste, et ces fantaisies-là ne lui étaient point permises. Il songea soudain combien il est dur, à trente ans passés, d'être réduit à demander, en rougissant, un louis à sa mère, de temps en temps; et il murmura, en grattant la terre du bout de sa canne:

— Cristi! si j'avais de l'argent!

Et la pensée de l'héritage de son frère entra en lui de nouveau, à la façon d'une piqûre de guêpe; mais il la chassa avec impatience, ne voulant point s'abandonner sur cette pente de jalousie.

Autour de lui des enfants jouaient dans la poussière des chemins. Ils étaient blonds avec de longs cheveux, et ils faisaient d'un air très sérieux, avec une attention grave, de petites montagnes de sable pour les écraser ensuite d'un coup de pied.

Pierre était dans un de ces jours mornes où on regarde dans tous les coins de son âme, où on en secoue tous les plis.*

« Nos besognes ressemblent aux travaux de ces mioches, » pensait-il. Puis il se demanda si le plus sage dans la vie n'était pas encore d'engendrer deux ou trois de ces petits êtres inutiles et de les regarder grandir avec complaisance et curiosité. Et le désir du mariage l'effleura. On n'est pas si perdu, n'étant plus seul. On entend au moins remuer quelqu'un près de soi aux heures de trouble et d'incertitude, c'est déjà quelque chose de dire « tu » à une femme, quand on souffre.

Il se mit à songer aux femmes.

Il les connaissait très peu, n'ayant eu au quartier Latin que des liaisons de quinzaine, rompues quand était mangé l'argent du mois, et renouées ou remplacées le mois suivant. Il devait exister, cependant, des créatures très bonnes, très douces et très consolantes. Sa mère n'avait-elle pas été la raison et le charme du foyer paternel? Comme il aurait voulu connaître une femme, une vraie femme!

Il se releva tout à coup avec la résolution d'aller faire une petite visite à Mme Rosémilly.

Puis il se rassit brusquement. Elle lui déplaisait,* celle-là! Pourquoi? Elle avait trop de bon sens vulgaire et bas; et puis, ne semblait-elle pas lui préférer Jean? Sans se l'avouer à lui-même d'une façon nette, cette préférence entrait* pour beaucoup dans sa mésestime pour l'intelligence de la veuve, car, s'il aimait son frère, il ne pouvait s'abstenir de le juger un peu médiocre et de se croire supérieur.

Il n'allait pourtant point rester là jusqu'à la nuit; et, comme la veille au soir, il se demanda anxieusement: « Que vais-je faire? »

Il se sentait maintenant à l'âme un besoin de s'attendrir, d'être embrassé et consolé. Consolé de quoi? Il ne l'aurait su dire, mais il était dans une de ces heures de faiblesse et de lassitude où la présence d'une femme, la caresse d'une femme, le toucher d'une main, le frôlement d'une robe, un doux regard noir ou bleu semblent indispensables, et tout de suite,* à notre cœur.

Et le souvenir lui vint d'une petite bonne de brasserie ramenée un soir chez elle et revue de temps en temps.

Il se leva donc de nouveau pour aller boire un bock avec cette fille. Que lui dirait-il? Que lui dirait-elle? Rien, sans doute. Qu'importe? il lui tiendrait la main quelques secondes! Elle semblait avoir du goût pour lui. Pourquoi donc ne la voyait-il pas plus souvent?

Il la trouva sommeillant sur une chaise dans la salle de brasserie presque vide. Trois buveurs fumaient leurs pipes, accoudés aux tables de chêne, la caissière lisait un roman, tandis que le patron, en manches de chemise, dormait tout à fait* sur la banquette.

Dès qu'elle l'aperçut, la fille se leva vivement et, venant à lui:

— Bonjour, comment allez-vous?

— Pas mal, et toi?

— Moi, très bien. Comme vous êtes rare?

— Oui, j'ai très peu de temps à moi. Tu sais que je suis médecin.

— Tiens, vous ne me l'aviez pas dit. Si j'avais su, j'ai été souffrante la semaine dernière, je vous aurais consulté. Qu'est-ce que vous prenez?

— Un bock, et toi?

— Moi, un bock aussi, puisque tu me le payes.

Et elle continua à le tutoyer comme si l'offre de cette consommation en avait été la permission tacite. Alors, assis face à face, ils causèrent. De temps en temps elle lui prenait la main avec cette familiarité facile des filles dont la caresse est à vendre, et le regardant avec des yeux engageants elle lui disait:

— Pourquoi ne viens-tu pas plus souvent? Tu me plais beaucoup, mon chéri.

Mais déjà il se dégoûtait d'elle, la voyait bête, commune, sentant le peuple. Les femmes, se disait-il, doivent nous apparaître dans un rêve ou dans une auréole de luxe qui poétise leur vulgarité.*

Elle lui demandait:

— Tu es passé l'autre matin avec un beau blond à grande barbe, est-ce ton frère?

— Oui, c'est mon frère.

— Il est rudement joli garçon.

— Tu trouves?

— Mais oui, et puis il a l'air d'un bon vivant.

Quel étrange besoin le poussa tout à coup à raconter à cette servante de brasserie l'héritage de Jean? Pourquoi cette idée, qu'il rejetait de lui lorsqu'il se trouvait seul, qu'il repoussait par crainte du trouble apporté dans son âme, lui vint-elle aux lèvres en cet instant, et pourquoi la laissa-t-il couler,* comme s'il eût eu besoin de vider de nouveau devant quelqu'un son cœur gonflé d'amertume?

Il dit en croisant ses jambes:

— Il a joliment de la chance, mon frère, il vient d'hériter de vingt mille francs de rente.

Elle ouvrit tout grands ses yeux bleus et cupides:

— Oh! et qui est-ce qui lui a laissé cela, sa grand'mère ou bien sa tante?

— Non, un vieil ami de mes parents.

— Rien qu'un ami? Pas possible! Et il ne t'a rien laissé, à toi?

— Non. Moi je le connaissais très peu.

Elle réfléchit quelques instants, puis, avec un sourire drôle sur les lèvres:

— Eh bien! il a de la chance ton frère d'avoir des amis de cette espèce-là! Vrai, ça n'est pas étonnant qu'il te ressemble si peu!

Il eut envie de la gifler sans savoir au juste pourquoi, et il demanda, la bouche crispée:

— Qu'est-ce que tu entends par là?

Elle avait pris un air bête et naïf:

— Moi, rien. Je veux dire qu'il a plus de chance que toi.

Il jeta vingt sous sur la table et sortit.

Maintenant il se répétait cette phrase: « Ça n'est pas étonnant qu'il te ressemble si peu. »

Qu'avait-elle pensé, qu'avait-elle sous-entendu dans ces mots? Certes il y avait là une malice, une méchanceté, une infamie. Oui, cette fille avait dû croire que Jean était le fils de Maréchal.

L'émotion qu'il ressentit à l'idée de ce soupçon jeté sur sa mère, fut si violente qu'il s'arrêta et qu'il chercha de l'œil un endroit pour s'asseoir.

Un autre café se trouvait en face de lui, il y entra, prit une chaise, et comme le garçon se présentait: « Un bock », dit-il.

Il sentait battre son cœur; des frissons lui couraient sur la peau. Et tout à coup le souvenir lui vint de ce qu'avait dit Marowsko la veille: « Ça ne fera pas un bon effet. » Avait-il eu la même pensée, le même soupçon que cette drôlesse?

La tête penchée sur son bock il regardait la mousse blanche pétiller et fondre,* et il se demandait: « Est-ce possible qu'on croie une chose pareille? »

Les raisons qui feraient naître ce doute odieux dans les esprits lui apparaissaient maintenant, l'une après l'autre, claires, évidentes, exaspérantes. Qu'un vieux garçon sans héritiers laisse sa fortune aux deux enfants d'un ami, rien de plus simple et de plus naturel, mais qu'il la donne tout entière à un seul de ces enfants, certes le monde s'étonnera, chuchotera et finira par sourire. Comment n'avait-il pas prévu cela, comment son père ne l'avait-il pas senti, comment sa mère ne l'avait-elle pas deviné? Non, ils s'étaient trouvés trop heureux de cet argent inespéré pour que cette idée les effleurât.* Et puis comment ces honnêtes gens auraient-ils soupçonné une pareille ignominie?*

Mais le public, mais le voisin, le marchand, le fournisseur, tous ceux qui les connaissaient n'allaient-ils pas répéter cette chose abominable, s'en amuser, s'en réjouir, rire de son père et mépriser sa mère?

Et la remarque faite par la fille de brasserie que Jean était blond et lui brun, qu'ils ne se ressemblaient ni de figure, ni de démarche, ni de tournure, ni d'intelligence,* frapperait maintenant tous les yeux et tous les esprits. Quand on parlerait d'un fils Roland on dirait: « Lequel, le vrai ou le faux? »

Il se leva avec la résolution de prévenir son frère, de le mettre en garde contre cet affreux danger menaçant l'honneur de leur mère. Mais que ferait Jean? Le plus simple, assurément, serait de refuser l'héritage qui irait alors aux pauvres, et de dire seulement aux amis et connaissances informés de ce legs que le testament contenait des clauses et conditions inacceptables qui auraient fait de Jean, non pas un héritier, mais un dépositaire.

Tout en rentrant à la maison paternelle, il songeait qu'il devait voir son frère seul, afin de ne point parler devant ses parents d'un pareil sujet.

Dès la porte il entendit un grand bruit de voix et de rires dans le salon, et, comme il entrait, il entendit Mme Rosémilly et le capitaine Beausire, ramenés par son père et gardés à dîner afin de fêter la bonne nouvelle.

On avait fait apporter du vermouth et de l'absinthe pour se mettre en appétit, et on s'était mis d'abord en belle humeur. Le capitaine Beausire, un petit homme tout rond à force d'avoir roulé sur la mer, et dont toutes les idées semblaient rondes* aussi, comme les galets des rivages, et qui riait avec des r plein la gorge,* jugeait la vie une chose excellente dont tout était bon à prendre.

Il trinquait avec le père Roland, tandis que Jean présentait aux dames deux nouveaux verres pleins.

Mme Rosémilly refusait, quand le capitaine Beausire, qui avait connu feu son époux, s'écria:

— Allons, allons, madame, *bis repetita placent*,* comme nous disons en patois,* ce qui signifie: « Deux vermouths ne font jamais mal. » Moi, voyez-vous, depuis que je ne navigue plus, je me donne comme ça, chaque jour, avant dîner, deux ou trois coups de roulis artificiel! J'y ajoute un coup de tangage après le café, ce qui me fait grosse mer pour la soirée. Je ne vais jamais jusqu'à la tempête par exemple, jamais, jamais, car je crains les avaries.*

Roland, dont le vieux long-courrier flattait la manie nautique, riait de tout son cœur, la face déjà rouge et l'œil troublé par l'absinthe. Il avait un gros ventre de boutiquier, rien qu'un ventre où semblait réfugié le reste de son corps, un de ces ventres mous d'hommes toujours assis, qui n'ont plus ni cuisses, ni poitrine, ni bras, ni cou, le fond de leur chaise ayant tassé toute leur matière au même endroit.

Beausire au contraire, bien que court et gros, semblait plein comme un œuf et dur comme une balle.

Mme Roland n'avait point vidé son premier verre, et, rose de bonheur, le regard brillant, elle contemplait son fils Jean.

Chez lui maintenant la crise de joie éclatait. C'était une affaire finie, une affaire signée, il avait vingt mille francs de rentes. Dans la façon dont il riait, dont il parlait avec une voix plus sonore, dont il regardait les gens, à ses manières plus nettes, à son assurance plus grande, on sentait l'aplomb que donne l'argent.

Le dîner fut annoncé, et comme le vieux Roland allait offrir son bras à Mme Rosémilly: « Non, non, père, cria sa femme, aujourd'hui tout est pour Jean. »

Sur la table éclatait un luxe inaccoutumé: devant l'assiette de Jean, assis à la place de son père, un énorme bouquet rempli de faveurs de soie, un vrai bouquet de grande cérémonie, s'élevait comme un dôme pavoisé, flanqué de quatre compotiers dont l'un contenait une pyramide de pêches magnifiques, le second un gâteau monumental gorgé de crème fouettée et couvert de clochettes de sucre fondu, une cathédrale en biscuit, le troisième des tranches d'ananas noyées dans un sirop clair, et le quatrième, luxe inouï, du raisin noir, venu des pays chauds.*

— Bigre! dit Pierre en s'asseyant, nous célébrons l'avènement de Jean le Riche.

Après le potage on offrit du madère; et tout le monde déjà parlait en même temps. Beausire racontait un dîner qu'il avait fait à Saint-Domingue* à la table d'un général nègre. Le père Roland l'écoutait, tout en cherchant à glisser entre les phrases le récit d'un autre repas donné par un de ses amis, à Meudon,* et dont chaque convive avait été quinze jours malade. Mme Rosémilly, Jean et sa mère faisaient un projet d'excursion et de déjeuner à Saint-Jouin,* dont ils se promettaient déjà un plaisir infini; et Pierre regrettait de ne pas avoir dîné seul, dans une gargote au bord de la mer, pour éviter tout ce bruit, ces rires et cette joie qui l'énervaient.

Il cherchait comment il allait s'y prendre, maintenant, pour dire à son frère ses craintes et pour le faire renoncer à cette fortune acceptée déjà, dont il jouissait, dont il se grisait d'avance. Ce serait dur pour lui, certes, mais il le fallait; il ne pouvait hésiter, la réputation de leur mère étant menacée.

L'apparition d'un bar énorme rejeta Roland dans les récits de pêche. Beausire en narra de surprenantes au Gabon,* à Sainte-Marie* de Madagascar et surtout sur les côtes de la Chine et du Japon, où les poissons ont des figures drôles comme les habitants. Et il racontait les mines de ces poissons, leurs gros yeux d'or, leurs ventres bleus ou rouges, leurs nageoires bizarres, pareilles à des éventails, leur queue coupée en croissant de lune, en mimant d'une façon si plaisante que tout le monde riait aux larmes en l'écoutant.

Seul, Pierre paraissait incrédule et murmurait: « On a bien raison de dire que les Normands sont les Gascons du Nord.* »

Après le poisson vint un vol-au-vent, puis un poulet rôti, une salade, des haricots verts et un pâté d'alouettes de Pithiviers.* La bonne de Mme Rosémilly aidait au service; et la gaieté allait croissant avec le nombre des verres de vin. Quand sauta le bouchon de la première bouteille de champagne, le père Roland, très excité, imita avec sa bouche le bruit de cette détonation, puis déclara:

— J'aime mieux ça qu'un coup de pistolet.

Pierre, de plus en plus agacé, répondit en ricanant:

— Cela est peut-être, cependant, plus dangereux pour toi.*

Roland, qui allait boire, reposa son verre plein sur la table et demanda:

— Pourquoi donc?

Depuis longtemps il se plaignait de sa santé, de lourdeurs, de vertiges, de malaises constants et inexplicables. Le docteur reprit:

— Parce que la balle du pistolet peut fort bien passer à côté de toi, tandis que le verre de vin te passe forcément dans le ventre.

— Et puis?

— Et puis il te brûle l'estomac, désorganise le système nerveux, alourdit la circulation et prépare l'apoplexie dont sont menacés tous les hommes de ton tempérament.

L'ivresse croissante de l'ancien bijoutier paraissait dissipée comme une fumée par le vent; et il regardait son fils avec des yeux inquiets et fixes, cherchant à comprendre s'il ne se moquait pas.

Mais Beausire s'écria:

— Ah ! ces sacrés médecins, toujours les mêmes : ne mangez pas, ne buvez pas, n'aimez pas, et ne dansez pas en rond. Tout ça fait du bobo à petite santé.* Eh bien ! j'ai pratiqué tout ça, moi, monsieur, dans toutes les parties du monde, partout où j'ai pu, et le plus que j'ai pu, et je ne m'en porte pas plus mal.

Pierre répondit avec aigreur :

— D'abord, vous, capitaine, vous êtes plus fort que mon père ; et puis tous les viveurs parlent comme vous jusqu'au jour où ... et ils ne reviennent pas le lendemain dire au médecin prudent : « Vous aviez raison, docteur. » Quand je vois mon père faire ce qu'il y a de plus mauvais et de plus dangereux pour lui, il est bien naturel que je le prévienne. Je serais un mauvais fils si j'agissais autrement.

Mme Roland désolée intervint à son tour :

—Voyons, Pierre, qu'est-ce que tu as ? Pour une fois, ça ne lui fera pas de mal. Songe quelle fête pour lui, pour nous. Tu vas gâter tout son plaisir et nous chagriner tous. C'est vilain, ce que tu fais là !

Il murmura en haussant les épaules :

— Qu'il fasse ce qu'il voudra, je l'ai prévenu.

Mais le père Roland ne buvait pas. Il regardait son verre, son verre plein de vin lumineux et clair, dont l'âme légère, l'âme enivrante s'envolait par petites bulles venues du fond et montant, pressées et rapides, s'évaporer à la surface ; il le regardait avec une méfiance de renard qui trouve une poule morte et flaire un piège.

Il demanda, en hésitant :

— Tu crois que ça me ferait beaucoup de mal ?

Pierre eut un remords et se reprocha de faire souffrir les autres de sa mauvaise humeur :

— Non, va, pour une fois, tu peux le boire ; mais n'en abuse point et n'en prends pas l'habitude.

Alors le père Roland leva son verre sans se décider encore à le porter à sa bouche. Il le contemplait douloureusement, avec envie et avec crainte ; puis il le flaira, le goûta, le but par petits coups, en les savourant, le cœur plein d'angoisse, de faiblesse et de gourmandise, puis de regrets, dès qu'il eut absorbé la dernière goutte.

Pierre, soudain, rencontra l'œil de Mme Rosémilly ; il était fixé sur lui limpide et bleu, clairvoyant et dur. Et il sentit, il pénétra, il devina la pensée nette qui animait ce regard, la pensée irritée de cette petite femme à l'esprit simple et droit, car ce regard disait: « Tu es jaloux, toi. C'est honteux, cela. »

Il baissa la tête en se remettant à manger.

Il n'avait pas faim, il trouvait tout mauvais. Une envie de partir le harcelait, une envie de n'être plus au milieu de ces gens, de ne plus les entendre causer, plaisanter et rire.

Cependant le père Roland, que les fumées du vin recommençaient à troubler, oubliait déjà les conseils de son fils et regardait d'un œil oblique et tendre une bouteille de champagne presque pleine encore à côté de son assiette. Il n'osait la toucher, par crainte d'admonestation nouvelle, et il cherchait par quelle malice, par quelle adresse, il pourrait s'en emparer sans éveiller les remarques de Pierre. Une ruse lui vint, la plus simple de toutes: il prit la bouteille avec nonchalance et, la tenant par le fond, tendit le bras à travers la table pour emplir d'abord le verre du docteur qui était vide; puis il fit le tour des autres verres, et quand il en vint au sien il se mit à parler très haut, et s'il versa quelque chose dedans on eût juré certainement que c'était par inadvertance. Personne d'ailleurs n'y fit attention.

Pierre, sans y songer, buvait beaucoup. Nerveux et agacé, il prenait à tout instant, et portait à ses lèvres d'un geste inconscient la longue flûte de cristal où l'on voyait courir les bulles dans le liquide vivant et transparent. Il le faisait alors couler très lentement dans sa bouche pour sentir la petite piqûre sucrée du gaz évaporé sur la langue.

Peu à peu une chaleur douce emplit son corps. Partie du ventre, qui semblait en être le foyer, elle gagnait la poitrine, envahissait les membres, se répandait dans toute la chair, comme une onde tiède et bienfaisante portant de la joie avec elle. Il se sentait mieux, moins impatient, moins mécontent; et sa résolution de parler à son frère ce soir-là même s'affaiblissait, non pas que la pensée d'y renoncer l'eût effleuré, mais pour ne point troubler si vite le bien-être qu'il sentait en lui.

Beausire se leva afin de porter un toast.

Ayant salué à la ronde il prononça:

— Très gracieuses dames, Messeigneurs, nous sommes réunis pour célébrer un événement heureux qui vient de frapper* un de nos amis. On disait autrefois que la fortune était aveugle,* je crois qu'elle était simplement myope ou malicieuse et qu'elle vient de faire emplette d'une excellente jumelle marine,* qui lui a permis de distinguer dans le

port du Havre le fils de notre brave camarade Roland, capi¹
Perle.

Des bravos jaillirent des bouches, soutenus par des battements de mains; et Roland père se leva pour répondre.

Après avoir toussé, car il sentait sa gorge grasse et sa langue un peu lourde, il bégaya:

— Merci, capitaine, merci pour moi et mon fils. Je n'oublierai jamais votre conduite en cette circonstance. Je bois à vos désirs.

Il avait les yeux et le nez* pleins de larmes, et il se rassit, ne trouvant plus rien.

Jean, qui riait, prit la parole à son tour:

— C'est moi, dit-il, qui dois remercier ici les amis dévoués, les amis excellents (il regardait Mme Rosémilly), qui me donnent aujourd'hui cette preuve touchante de leur affection. Mais ce n'est point par des paroles que je peux leur témoigner ma reconnaissance. Je la leur prouverai demain, à tous les instants de ma vie, toujours, car notre amitié n'est point de celles qui passent.

Sa mère, fort émue, murmura:

— Très bien, mon enfant.

Mais Beausire s'écriait:

— Allons, madame Rosémilly, parlez au nom du beau sexe.

Elle leva son verre, et, d'une voix gentille, un peu nuancée de tristesse:

— Moi, dit-elle, je bois à la mémoire bénie de M. Maréchal.

Il y eut quelques secondes d'accalmie, de recueillement décent, comme après une prière;* et Beausire, qui avait le compliment coulant,* fit cette remarque:

— Il n'y a que les femmes pour trouver de ces délicatesses.

Puis se tournant vers Roland père:

— Au fond, qu'est-ce que c'était que ce Maréchal? Vous étiez donc bien intimes avec lui?

Le vieux, attendri par l'ivresse, se mit à pleurer, et d'une voix bredouillante:

— Un frère... vous savez... un de ceux qu'on ne retrouve plus... nous ne nous quittions pas... il dînait à la maison tous les soirs... et il nous payait de petites fêtes au théâtre... je ne vous dis que ça...* que ça... que ça... Un ami, un vrai... un vrai... n'est-ce pas, Louise?

Sa femme répondit simplement:

— Oui, c'était un fidèle ami.

gardait son père et sa mère, mais comme on parla d'autre
remit à boire.

de cette soirée il n'eut guère de souvenir. On avait pris le
café, absorbé des liqueurs, et beaucoup ri en plaisantant. Puis il se
coucha, vers minuit, l'esprit confus et la tête lourde. Et il dormit
comme une brute jusqu'à neuf heures le lendemain.

IV

Ce sommeil baigné de champagne et de chartreuse l'avait sans doute adouci et calmé, car il s'éveilla en des dispositions d'âme très bienveillantes. Il appréciait, pesait et résumait, en s'habillant, ses émotions de la veille, cherchant à en dégager bien nettement et bien complètement les causes réelles, secrètes, les causes personnelles en même temps que les causes extérieures.

Il se pouvait en effet* que la fille de brasserie eût eu une mauvaise pensée, une vraie pensée de prostituée, en apprenant qu'un seul des fils Roland héritait d'un inconnu; mais ces créatures-là n'ont-elles pas toujours des soupçons pareils, sans l'ombre d'un motif, sur toutes les honnêtes femmes? Ne les entend-on pas, chaque fois qu'elles parlent, injurier, calomnier, diffamer toutes celles qu'elles devinent irréprochables? Chaque fois qu'on cite devant elles une personne inattaquable, elles se fâchent, comme si on les outrageait, et s'écrient: « Ah! tu sais, je les connais tes femmes mariées, c'est du propre!* Elles ont plus d'amants que nous, seulement elles les cachent parce qu'elles sont hypocrites. Ah! oui, c'est du propre! »

En toute autre occasion il n'aurait certes pas compris, pas même supposé possibles des insinuations de cette nature sur sa pauvre mère, si bonne, si simple, si digne. Mais il avait l'âme troublée par ce levain de jalousie qui fermentait en lui. Son esprit surexcité, à l'affût pour ainsi dire, et malgré lui, de tout ce qui pouvait nuire à son frère, avait même peut-être prêté à cette vendeuse de bocks des intentions odieuses qu'elle n'avait pas eues. Il se pouvait que son imagination seule, cette imagination qu'il ne gouvernait point, qui échappait sans cesse à sa volonté, s'en allait libre, hardie, aventureuse et sournoise dans l'univers infini des idées, et en rapportait parfois d'inavouables, de honteuses, qu'elle cachait en lui, au fond de son âme, dans les replis insondables,* comme des choses volées; il se pouvait que cette imagination seule eût créé, inventé cet affreux doute.* Son cœur, assurément, son propre cœur avait des secrets pour lui; et ce cœur blessé n'avait-il pas trouvé dans ce doute abominable un moyen de priver son frère de cet héritage qu'il jalousait. Il se suspectait lui-même, à présent, interrogeant, comme les dévots leur conscience, tous les mystères de sa pensée.

Certes, Mme Rosémilly, bien que son intelligence fût limitée, avait le tact, le flair et le sens subtil des femmes. Or cette idée ne lui était pas venue, puisqu'elle avait bu, avec une simplicité parfaite,* à la mémoire bénie de feu Maréchal. Elle n'aurait point fait cela, elle, si le moindre soupçon l'eût effleurée. Maintenant il ne doutait plus, son mécontentement involontaire de la fortune tombée sur son frère et aussi, assurément, son amour religieux pour sa mère avaient exalté ses scrupules, scrupules pieux et respectables, mais exagérés.

En formulant cette conclusion, il fut content, comme on l'est d'une bonne action accomplie, et il se résolut à se montrer gentil pour tout le monde, en commençant par son père dont les manies, les affirmations niaises, les opinions vulgaires et la médiocrité trop visible l'irritaient sans cesse.

Il ne rentra pas en retard à l'heure du déjeuner et il amusa toute sa famille par son esprit et sa bonne humeur.

Sa mère lui disait, ravie:

— Mon Pierrot, tu ne te doutes pas comme tu es drôle et spirituel, quand tu veux bien.

Et il parlait, trouvait des mots, faisait rire par des portraits ingénieux de leurs amis. Beausire lui servit de cible, et un peu Mme Rosémilly, mais d'une façon discrète, pas trop méchante. Et il pensait, en regardant son frère: « Mais défends-la donc, jobard; tu as beau être riche je t'éclipserai toujours quand il me plaira. »

Au café, il dit à son père:

— Est-ce que tu te sers de la *Perle* aujourd'hui?

— Non, mon garçon.

— Je peux la prendre avec Jean-Bart?

— Mais oui, tant que tu voudras.

Il acheta un bon cigare, au premier débit de tabac rencontré, et il descendit, d'un pied joyeux, vers le port.

Il regardait le ciel clair,* lumineux, d'un bleu léger, rafraîchi, lavé*
par la brise de la mer.

Le matelot Papagris, dit Jean-Bart, sommeillait au fond de la barque
qu'il devait tenir prête à sortir tous les jours à midi, quand on n'allait
pas à la pêche le matin.

— A nous deux,* patron! cria Pierre.

Il descendit l'échelle de fer du quai et sauta dans l'embarcation.

— Quel vent? dit-il.

— Toujours vent d'amont, m'sieu Pierre. J'avons* bonne brise au
large.

— Eh bien! mon père, en route.

Ils hissèrent la misaine, levèrent l'ancre, et le bateau, libre, se mit à
glisser lentement vers la jetée sur l'eau calme du port.* Le faible souffle
d'air venu par les rues tombait sur le haut de la voile, si doucement
qu'on ne sentait rien, et la *Perle* semblait animée d'une vie propre, de
la vie des barques, poussée par une force mystérieuse cachée en elle.
Pierre avait pris la barre, et, le cigare aux dents, les jambes allongées
sur le banc, les yeux mi-fermés sous les rayons aveuglants du soleil, il
regardait passer contre lui les grosses pièces de bois goudronné du
brise-lames.*

Quand ils débouchèrent en pleine mer, en atteignant la pointe de la
jetée nord qui les abritait, la brise, plus fraîche, glissa sur le visage et sur
les mains du docteur comme une caresse un peu froide, entra dans sa
poitrine qui s'ouvrit, en un long soupir, pour la boire, et, enflant la
voile brune qui s'arrondit, fit s'incliner la *Perle* et la rendit plus alerte.

Jean-Bart tout à coup hissa le foc, dont le triangle, plein de vent,
semblait une aile, puis gagnant l'arrière en deux enjambées il dénoua
le tapecul amarré contre son mât.

Alors, sur le flanc de la barque couchée brusquement, et courant
maintenant de toute sa vitesse, ce fut un bruit doux et vif d'eau qui
bouillonne et qui fuit.

L'avant ouvrait la mer, comme le soc d'une charrue folle, et l'onde
soulevée, souple et blanche d'écume, s'arrondissait et retombait,
comme retombe, brune et lourde, la terre labourée des champs.*

A chaque vague rencontrée, — elles étaient courtes et rapprochées, —
une secousse secouait* la *Perle* du bout du foc au gouvernail qui frémis-
sait dans la main de Pierre; et quand le vent, pendant quelques secondes, soufflait plus fort, les flots effleuraient le bordage comme s'ils

allaient envahir la barque. Un vapeur charbonnier de Liverpool était à l'ancre attendant la marée; ils allèrent tourner par derrière, puis ils visitèrent, l'un après l'autre, les navires en rade, puis ils s'éloignèrent un peu plus pour voir se dérouler la côte.

Pendant trois heures, Pierre, tranquille, calme et content, vagabonda sur l'eau frémissante, gouvernant, comme une bête ailée, rapide et docile, cette chose de bois et de toile qui allait et venait à son caprice, sous une pression de ses doigts.

Il rêvassait, comme on rêvasse sur le dos d'un cheval ou sur le pont d'un bateau, pensant à son avenir, qui serait beau, et à la douceur de vivre avec intelligence. Dès le lendemain il demanderait à son frère de lui prêter, pour trois mois, quinze cents francs afin de s'installer tout de suite dans le joli appartement du boulevard François Ier.

Le matelot dit tout à coup:

— V'là d'la brume, m'sieu Pierre, faut rentrer.

Il leva les yeux et aperçut vers le nord une ombre grise, profonde et légère, noyant le ciel et couvrant la mer, accourant vers eux, comme un nuage tombé d'en haut.

Il vira de bord, et, vent arrière, fit route vers la jetée, suivi par la brume rapide qui le gagnait. Lorsqu'elle atteignit la *Perle*, l'enveloppant dans son imperceptible épaisseur, un frisson de froid courut sur les membres de Pierre, et une odeur de fumée et de moisissure, l'odeur bizarre des brouillards marins, lui fit fermer la bouche pour ne point goûter cette nuée humide et glacée. Quand la barque reprit dans le port sa place accoutumée, la ville entière était ensevelie déjà sous cette vapeur menue, qui, sans tomber, mouillait comme une pluie et glissait sur les maisons et les rues à la façon d'un fleuve qui coule.

Pierre, les pieds et les mains gelés, rentra vite, et se jeta sur son lit pour sommeiller jusqu'au dîner. Lorsqu'il parut dans la salle à manger, sa mère disait à Jean:

— La galerie sera ravissante. Nous y mettrons des fleurs. Tu verras. Je me chargerai de leur entretien et de leur renouvellement. Quand tu donneras des fêtes, ça aura un coup d'œil féerique.*

— De quoi parlez-vous donc? demanda le docteur.

— D'un appartement délicieux que je viens de louer pour ton frère. Une trouvaille, un entresol donnant sur deux rues. Il a deux salons, une galerie vitrée et une petite salle à manger en rotonde, tout à fait coquette pour un garçon.

Pierre pâlit. Une colère* lui serrait le cœur.

— Où est-ce situé, cela? dit-il.

— Boulevard François Iᵉʳ.

Il n'eut plus de doutes et s'assit, tellement exaspéré qu'il avait envie de crier: « C'est trop fort à la fin ! Il n'y en a donc plus que pour lui ! »*

Sa mère, radieuse, parlait toujours:

— Et figure-toi que j'ai eu cela pour deux mille huit cents francs. On en voulait trois mille, mais j'ai obtenu deux cents francs de diminution en faisant un bail de trois, six ou neuf ans. Ton frère sera parfaitement là-dedans. Il suffit d'un intérieur élégant pour faire la fortune d'un avocat. Cela attire le client, le séduit, le retient, lui donne du respect et lui fait comprendre qu'un homme ainsi logé fait payer cher ses paroles.

Elle se tut quelques secondes, et reprit:

— Il faudrait trouver quelque chose d'approchant pour toi, bien plus modeste puisque tu n'as rien, mais assez gentil tout de même. Je t'assure que cela te servirait beaucoup.

Pierre répondit d'un ton dédaigneux:

— Oh! moi, c'est par le travail et la science que j'arriverai.

Sa mère insista:

— Oui, mais je t'assure qu'un joli logement te servirait beaucoup tout de même.*

Vers le milieu du repas il demanda tout à coup:

— Comment l'aviez-vous connu, ce Maréchal?

Le père Roland leva la tête et chercha dans ses souvenirs:

— Attends, je ne me rappelle plus trop. C'est si vieux. Ah! oui, j'y suis. C'est ta mère qui a fait sa connaissance dans la boutique, n'est-ce pas, Louise? Il était venu commander quelque chose, et puis il est revenu souvent. Nous l'avons connu comme client avant de le connaître comme ami.

Pierre, qui mangeait des flageolets et les piquait un à un avec une pointe de sa fourchette, comme s'il les eût embrochés,* reprit:

— A quelle époque ça s'est-il fait, cette connaissance-là?

Roland chercha de nouveau, mais ne se souvenant plus de rien, il fit appel à la mémoire de sa femme:

— En quelle année, voyons, Louise, tu ne dois pas avoir oublié, toi qui as un si bon souvenir? Voyons, c'était en... en... en cinquante-

THE NORMANDY COAST
(localities mentioned in Pierre et Jean)

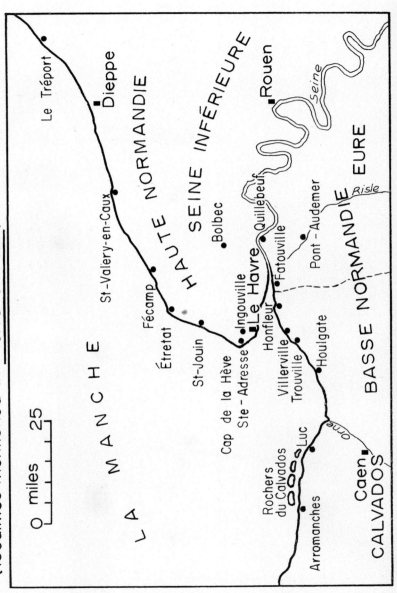

The liner
NORMANDIE
entering
Le Havre
circa 1885
(see p. 59).

For the tug
NEPTUNE
see p. 170.

Photo:
Port Autonome
du Havre

cinq ou cinquante-six?... Mais cherche donc, tu dois le savoir mieux que moi?

Elle chercha quelque temps en effet, puis d'une voix sûre et tranquille:

— C'était en cinquante-huit, mon gros. Pierre avait alors trois ans.* Je suis bien certaine de ne pas me tromper, car c'est l'année où l'enfant eut la fièvre scarlatine, et Maréchal, que nous connaissions encore très peu, nous a été d'un grand secours.

Roland s'écria:

— C'est vrai, c'est vrai, il a été admirable, même! Comme ta mère n'en pouvait plus de fatigue et que moi j'étais occupé à la boutique, il allait chez le pharmacien chercher tes médicaments. Vraiment, c'était un brave cœur. Et quand tu as été guéri, tu ne te figures pas comme il fut content et comme il t'embrassait. C'est à partir de ce moment-là que nous sommes devenus de grands amis.

Et cette pensée brusque, violente, entra dans l'âme de Pierre comme une balle qui troue et déchire: « Puisqu'il m'a connu le premier, qu'il fut si dévoué pour moi, puisqu'il m'aimait et m'embrassait tant, puisque je suis la cause de sa grande liaison avec mes parents, pourquoi a-t-il laissé toute sa fortune à mon frère et rien à moi? »

Il ne posa plus de questions et demeura sombre, absorbé plutôt que songeur, gardant en lui une inquiétude nouvelle, encore indécise, le germe secret d'un nouveau mal.

Il sortit de bonne heure et se remit à rôder par les rues. Elles étaient ensevelies sous le brouillard qui rendait pesante, opaque et nauséabonde la nuit. On eût dit une fumée pestilentielle abattue sur la terre. On la voyait passer sur les becs de gaz qu'elle paraissait éteindre par moments. Les pavés des rues devenaient glissants comme par les soirs de verglas, et toutes les mauvaises odeurs semblaient sortir du ventre des maisons, puanteurs des caves, des fosses, des égouts, des cuisines pauvres, pour se mêler à l'affreuse senteur de cette brume errante.*

Pierre, le dos arrondi et les mains dans ses poches, ne voulant point rester dehors par ce froid, se rendit chez Marowsko.

Sous le bec de gaz qui veillait pour lui, le vieux pharmacien dormait toujours.* En reconnaissant Pierre, qu'il aimait d'un amour de chien fidèle, il secoua sa torpeur, alla chercher deux verres et apporta la groseillette.

— Eh bien! demanda le docteur, où en êtes-vous avec votre liqueur?

Le Polonais expliqua comment quatre des principaux cafés de la ville consentaient à la lancer dans la circulation, et comment le *Phare de la Côte* et le *Sémaphore havrais** lui feraient de la réclame en échange de quelques produits pharmaceutiques mis à la disposition des rédacteurs.

Après un long silence, Marowsko demanda si Jean, décidément, était en possession de sa fortune; puis il fit encore deux ou trois questions vagues sur le même sujet. Son dévouement ombrageux pour Pierre se révoltait de cette préférence. Et Pierre croyait l'entendre penser, devinait, comprenait, lisait dans ses yeux détournés, dans le ton hésitant de sa voix, les phrases qui lui venaient aux lèvres et qu'il ne disait pas, qu'il ne dirait point, lui si prudent, si timide, si cauteleux.

Maintenant il ne doutait plus, le vieux pensait: « Vous n'auriez pas dû lui laisser accepter cet héritage qui fera mal parler de votre mère. » Peut-être même croyait-il que Jean était le fils de Maréchal. Certes il le croyait! Comment ne le croirait-il pas, tant la chose devait paraître vraisemblable, probable, évidente? Mais lui-même, lui Pierre, le fils, depuis trois jours ne luttait-il pas de toute sa force, avec toutes les subtilités de son cœur, pour tromper sa raison, ne luttait-il pas contre ce soupçon terrible?*

Et de nouveau, tout à coup, le besoin d'être seul pour songer, pour discuter cela avec lui-même, pour envisager hardiment, sans scrupules, sans faiblesse, cette chose possible et monstrueuse, entra en lui si dominateur qu'il se leva sans même boire son verre de groseillette, serra la main du pharmacien stupéfait et se replongea dans le brouillard de la rue.

Il se disait: « Pourquoi ce Maréchal a-t-il laissé toute sa fortune à Jean? »

Ce n'était plus la jalousie* maintenant qui lui faisait chercher cela, ce n'était plus cette envie un peu basse et naturelle qu'il savait cachée en lui et qu'il combattait depuis trois jours, mais la terreur d'une chose épouvantable, la terreur de croire lui-même que Jean, que son frère était le fils de cet homme!

Non, il ne le croyait pas, il ne pouvait même se poser cette question criminelle! Cependant il fallait que ce soupçon si léger, si invraisemblable, fût rejeté de lui, complètement, pour toujours. Il lui fallait la lumière, la certitude, il fallait dans son cœur la sécurité complète, car il **n'aimait que sa mère au monde.***

Et tout seul en errant par la nuit, il allait faire, dans ses souvenirs, dans sa raison, l'enquête minutieuse d'où résulterait l'éclatante vérité.* Après cela ce serait fini, il n'y penserait plus, plus jamais. Il irait dormir.

Il songeait : « Voyons, examinons d'abord les faits ; puis je me rappellerai tout ce que je sais de lui, de son allure avec mon frère et avec moi, je chercherai toutes les causes qui ont pu motiver cette préférence... Il a vu naître Jean ? — oui, mais il me connaissait auparavant. — S'il avait aimé ma mère d'un amour muet et réservé, c'est moi qu'il aurait préféré puisque c'est grâce à moi, grâce à ma fièvre scarlatine, qu'il est devenu l'ami intime de mes parents. Donc, logiquement, il devait me choisir, avoir pour moi une tendresse plus vive, à moins qu'il n'eût éprouvé pour mon frère, en le voyant grandir, une attraction, une prédilection instinctives. »*

Alors il chercha dans sa mémoire, avec une tension désespérée de toute sa pensée, de toute sa puissance intellectuelle, à reconstituer, à revoir, à reconnaître, à pénétrer l'homme, cet homme qui avait passé devant lui, indifférent à son cœur, pendant toutes ses années de Paris.

Mais il sentit que la marche, le léger mouvement de ses pas, troublait un peu ses idées, dérangeait leur fixité, affaiblissait leur portée, voilait sa mémoire.*

Pour jeter sur le passé et les événements inconnus ce regard aigu à qui* rien ne devait échapper, il fallait qu'il fût immobile, dans un lieu vaste et vide. Et il se décida à aller s'asseoir sur la jetée, comme l'autre nuit.

En approchant du port il entendit vers la pleine mer une plainte lamentable et sinistre, pareille au meuglement d'un taureau, mais plus longue et plus puissante. C'était le cri d'une sirène, le cri des navires perdus dans la brume.

Un frisson remua sa chair, crispa son cœur, tant il avait retenti dans son âme et dans ses nerfs, ce cri de détresse, qu'il croyait avoir jeté lui-même.* Une autre voix semblable gémit à son tour, un peu plus loin ; puis, tout près, la sirène du port, leur répondant, poussa une clameur déchirante.

Pierre gagna la jetée à grands pas, ne pensant plus à rien, satisfait d'entrer dans ces ténèbres lugubres et mugissantes.

Lorsqu'il se fut assis à l'extrémité du môle, il ferma les yeux pour ne point voir les foyers électriques,* voilés de brouillard, qui rendent le port accessible la nuit, ni le feu rouge du phare sur la jetée sud, qu'on distinguait à peine cependant. Puis se tournant à moitié, il posa ses coudes sur le granit et cacha sa figure dans ses mains.

Sa pensée, sans qu'il prononçât ce mot avec ses lèvres, répétait comme pour l'appeler, pour évoquer et provoquer son ombre:* « Maréchal... Maréchal. » Et dans le noir de ses paupières baissées, il le vit tout à coup tel qu'il l'avait connu. C'était un homme de soixante ans, portant en pointe sa barbe blanche, avec des sourcils épais, tout blancs aussi. Il n'était ni grand ni petit, avait l'air affable, les yeux gris et doux, le geste modeste, l'aspect d'un brave être, simple et tendre. Il appelait Pierre et Jean « mes chers enfants », n'avait jamais paru préférer l'un ou l'autre, et les recevait ensemble à dîner.

Et Pierre, avec une ténacité de chien qui suit une piste évaporée, se mit à rechercher les paroles, les gestes, les intonations, les regards de cet homme disparu de la terre. Il le retrouvait peu à peu, tout entier, dans son appartement de la rue Tronchet* quand il les recevait à sa table, son frère et lui.

Deux bonnes le servaient, vieilles toutes deux, qui avaient pris, depuis bien longtemps sans doute, l'habitude de dire « monsieur Pierre » et « monsieur Jean ».

Maréchal tendait ses deux mains aux jeunes gens, la droite à l'un, la gauche à l'autre, au hasard de leur entrée.

— Bonjour, mes enfants, disait-il, avez-vous des nouvelles de vos parents? Quant à moi, ils ne m'écrivent jamais.*

On causait, doucement et familièrement, de choses ordinaires. Rien de hors ligne dans l'esprit de cet homme, mais beaucoup d'aménité, de charme et de grâce. C'était certainement pour eux un bon ami, un de ces bons amis auxquels on ne songe guère parce qu'on les sent très sûrs.

Maintenant les souvenirs affluaient dans l'esprit de Pierre. Le voyant soucieux plusieurs fois, et devinant sa pauvreté d'étudiant, Maréchal lui avait offert et prêté, spontanément, de l'argent, quelques centaines de francs peut-être, oubliées par l'un et par l'autre et jamais rendues. Donc cet homme l'aimait toujours, s'intéressait toujours à lui, puisqu'il s'inquiétait de ses besoins. Alors... alors pourquoi laisser toute sa fortune à Jean? Non, il n'avait jamais été visiblement plus affectueux pour le cadet que pour l'aîné, plus préoccupé de l'un que de l'autre, moins tendre en apparence avec celui-ci qu'avec celui-là. Alors...

alors... il avait donc eu une raison puissante et secrète de tout donner à Jean — tout — et rien à Pierre.

Plus il y songeait, plus il revivait le passé des dernières années, plus le docteur jugeait invraisemblable, incroyable cette différence établie entre eux.

Et une souffrance aiguë, une inexprimable angoisse entrée dans sa poitrine, faisait aller son cœur comme une loque agitée. Les ressorts* en paraissaient brisés, et le sang y passait à flots, librement, en le secouant d'un ballottement tumultueux.

Alors, à mi-voix, comme on parle dans les cauchemars, il murmura: « Il faut savoir. Mon Dieu, il faut savoir. »

Il cherchait plus loin, maintenant, dans les temps plus anciens où ses parents habitaient Paris. Mais les visages lui échappaient, ce qui brouillait ses souvenirs. Il s'acharnait surtout à retrouver Maréchal avec des cheveux blonds, châtains ou noirs? Il ne le pouvait pas, la dernière figure de cet homme, sa figure de vieillard, ayant effacé les autres. Il se rappelait pourtant qu'il était plus mince, qu'il avait la main douce et qu'il apportait souvent des fleurs, très souvent, car son père répétait sans cesse: « Encore des bouquets! mais c'est de la folie, mon cher, vous vous ruinerez en roses. »

Maréchal répondait: « Laissez donc, cela me fait plaisir. »

Et soudain l'intonation de sa mère, de sa mère qui souriait et disait: « Merci, mon ami, » lui traversa l'esprit, si nette qu'il crut l'entendre. Elle les avait donc prononcés bien souvent, ces trois mots, pour qu'ils se fussent gravés ainsi dans la mémoire de son fils!*

Donc Maréchal apportait des fleurs, lui, l'homme riche, le monsieur, le client, à cette petite boutiquière, à la femme de ce bijoutier modeste. L'avait-il aimée? Comment serait-il devenu l'ami de ces marchands s'il n'avait pas aimé la femme? C'était un homme instruit, d'esprit assez fin. Que de fois il avait parlé poètes et poésie avec Pierre! Il n'appréciait point les écrivains en artiste, mais en bourgeois qui vibre.* Le docteur avait souvent souri de ces attendrissements, qu'il jugeait un peu niais. Aujourd'hui il comprenait que cet homme senti-mental n'avait jamais pu, jamais, être l'ami de son père, de son père si positif, si terre à terre, si lourd, pour qui le mot « poésie » signifiait sottise.

Donc, ce Maréchal, jeune, libre, riche, prêt à toutes les tendresses,* était entré, un jour, par hasard, dans une boutique, ayant remarqué peut-être la jolie marchande. Il avait acheté, était revenu, avait causé, de jour en jour plus familier, et payant par des acquisitions fréquentes le droit de s'asseoir dans cette maison, de sourire à la jeune femme et de serrer la main du mari.

Et puis après... après... oh! mon Dieu... après?...

Il avait aimé et caressé le premier enfant, l'enfant du bijoutier, jusqu'à la naissance de l'autre, puis il était demeuré impénétrable jusqu'à la mort, puis, son tombeau fermé, sa chair décomposée, son nom effacé des noms vivants, tout son être disparu pour toujours, n'ayant plus rien à ménager, à redouter et à cacher, il avait donné toute sa fortune au deuxième enfant!... Pourquoi?... Cet homme était intelligent... il avait dû comprendre et prévoir qu'il pouvait, qu'il allait presque infailliblement laisser supposer que cet enfant était à lui. — Donc il déshonorait une femme? Comment aurait-il fait cela si Jean n'était point son fils?

Et soudain un souvenir précis, terrible, traversa l'âme de Pierre. Maréchal avait été blond, blond comme Jean. Il se rappelait maintenant un petit portrait miniature vu autrefois, à Paris, sur la cheminée de leur salon, et disparu à présent. Où était-il? Perdu, ou caché! Oh! s'il pouvait le tenir rien qu'une seconde? Sa mère l'avait gardé peut-être dans le tiroir inconnu où l'on serre les reliques d'amour.

Sa détresse, à cette pensée, devint si déchirante qu'il poussa un gémissement, une de ces courtes plaintes arrachées à la gorge par les douleurs trop vives. Et soudain, comme si elle l'eût entendu, comme si elle l'eût compris et lui eût répondu, la sirène de la jetée* hurla tout près de lui. Sa clameur de monstre surnaturel, plus retentissante que le tonnerre, rugissement sauvage et formidable fait pour* dominer les voix du vent et des vagues, se répandit dans les ténèbres sur la mer invisible ensevelie sous les brouillards.

Alors, à travers la brume, proches ou lointains, des cris pareils s'élevèrent de nouveau dans la nuit. Ils étaient effrayants, ces appels poussés par les grands paquebots aveugles.

Puis tout se tut encore.

Pierre avait ouvert les yeux et regardait, surpris d'être là, réveillé de son cauchemar.

« Je suis fou, pensa-t-il, je soupçonne ma mère. » Et un flot d'amour et d'attendrissement, de repentir, de prière et de désolation noya son cœur.* Sa mère! La connaissant comme il la connaissait, comment avait-il pu la suspecter? Est-ce que l'âme, est-ce que la vie de cette femme simple, chaste et loyale, n'étaient pas plus claires que l'eau? Quand on l'avait vue et connue, comment ne pas la juger insoupçonnable? Et c'était lui, le fils, qui avait douté d'elle! Oh! s'il avait pu la prendre en ses bras à ce moment, comme il l'eût embrassée, caressée, comme il se fût agenouillé pour demander grâce!

Elle aurait trompé son père, elle?... Son père! Certes, c'était un brave homme, honorable et probe en affaires, mais dont l'esprit n'avait jamais franchi l'horizon de sa boutique. Comment cette femme, fort jolie autrefois, il le savait et on le voyait encore, douée d'une âme délicate, affectueuse, attendrie, avait-elle accepté comme fiancé et comme mari un homme si différent d'elle?

Pourquoi chercher? Elle avait épousé comme les fillettes épousent le garçon doté* que présentent les parents. Ils s'étaient installés aussitôt dans leur magasin de la rue Montmartre;* et la jeune femme, régnant au comptoir, animée par l'esprit du foyer nouveau, par ce sens subtil et sacré* de l'intérêt commun qui remplace l'amour et même l'affection dans la plupart des ménages commerçants de Paris, s'était mise à travailler avec toute son intelligence active et fine à la fortune espérée de leur maison. Et sa vie s'était écoulée ainsi, uniforme, tranquille, honnête, sans tendresse!...

Sans tendresse?... Était-il possible qu'une femme n'aimât point? Une femme jeune, jolie, vivant à Paris, lisant des livres, applaudissant des actrices mourant de passion sur la scène, pouvait-elle aller de l'adolescence à la vieillesse sans qu'une fois seulement son cœur fût touché? D'une autre il ne le croirait pas, — pourquoi le croirait-il de sa mère?

Certes, elle avait pu aimer, comme une autre! car pourquoi serait-elle différente d'une autre, bien qu'elle fût sa mère?

Elle avait été jeune, avec toutes les défaillances* poétiques qui troublent le cœur des jeunes êtres! Enfermée, emprisonnée dans la boutique à côté d'un mari vulgaire et parlant toujours commerce, elle avait rêvé de clairs de lune, de voyages, de baisers donnés dans l'ombre des soirs. Et puis un homme, un jour, était entré comme entrent les amoureux dans les livres, et il avait parlé comme eux.

Elle l'avait aimé. Pourquoi pas? C'était sa mère! Eh bien! fallait-il être aveugle et stupide au point de rejeter l'évidence parce qu'il s'agissait de sa mère?

S'était-elle donnée?... Mais oui, puisque cet homme n'avait pas eu d'autre amie; — mais oui, puisqu'il était resté fidèle à la femme éloignée et vieillie, — mais oui, puisqu'il avait laissé toute sa fortune à son fils, à leur fils!...

Et Pierre se leva, frémissant d'une telle fureur qu'il eût voulu tuer quelqu'un!* Son bras tendu, sa main grande ouverte avaient envie de frapper, de meurtrir, de broyer, d'étrangler! Qui? tout le monde, son père, son frère, le mort, sa mère!

Il s'élança pour rentrer. Qu'allait-il faire?

Comme il passait devant une tourelle auprès du mât des signaux, le cri strident de la sirène lui partit dans la figure. Sa surprise fut si violente qu'il faillit tomber et recula jusqu'au parapet de granit. Il s'y assit, n'ayant plus de force, brisé par cette commotion.

Le vapeur qui répondit le premier semblait tout proche et se présentait à l'entrée, la marée étant haute.

Pierre se retourna et aperçut son œil rouge, terni de brume. Puis, sous la clarté diffuse des feux électriques du port, une grande ombre noire se dessina entre les deux jetées. Derrière lui, la voix du veilleur, voix enrouée de vieux capitaine en retraite, criait:

— Le nom du navire?

Et dans le brouillard la voix du pilote debout sur le pont, enrouée aussi, répondit.

— *Santa-Lucia.*

— Le pays?

— Italie.

— Le port?

— Naples.

Et Pierre devant ses yeux troublés crut apercevoir le panache de feu du Vésuve tandis qu'au pied du volcan, des lucioles voltigeaient dans les bosquets d'orangers de Sorrente ou de Castellamare!* Que de fois il avait rêvé de ces noms familiers, comme s'il en connaissait les paysages. Oh! s'il avait pu partir, tout de suite, n'importe où, et ne jamais revenir, ne jamais écrire, ne jamais laisser savoir ce qu'il était devenu! Mais non, il fallait rentrer, rentrer dans la maison paternelle et se coucher dans son lit.

Tant pis, il ne rentrerait pas, il attendrait le jour. La voix des sirènes lui plaisait. Il se releva et se mit à marcher comme un officier qui fait le quart sur un pont.

Un autre navire s'approchait derrière le premier, énorme et mystérieux. C'était un anglais qui revenait des Indes.

Il en vit venir encore plusieurs, sortant l'un après l'autre de l'ombre impénétrable. Puis, comme l'humidité du brouillard devenait intolérable, Pierre se remit en route vers la ville. Il avait si froid qu'il entra dans un café de matelots pour boire un grog; et quand l'eau-de-vie poivrée et chaude lui eut brûlé le palais et la gorge, il sentit en lui renaître un espoir.

Il s'était trompé, peut-être? Il la connaissait si bien, sa déraison vagabonde!* Il s'était trompé sans doute? Il avait accumulé les preuves ainsi qu'on dresse un réquisitoire contre un innocent toujours facile à condamner quand on veut le croire coupable. Lorsqu'il aurait dormi, il penserait tout autrement. Alors il rentra pour se coucher, et, à force de volonté, il finit par s'assoupir.

V

Mais le corps du docteur s'engourdit à peine une heure ou deux dans l'agitation d'un sommeil troublé. Quand il se réveilla, dans l'obscurité de sa chambre chaude et fermée, il ressentit, avant même que la pensée se fût rallumée en lui, cette oppression douloureuse, ce malaise de l'âme que laisse en nous le chagrin sur lequel on a dormi. Il semble que le malheur, dont le choc nous a seulement heurté la veille, se soit glissé, durant notre repos, dans notre chair elle-même, qu'il meurtrit et fatigue comme une fièvre. Brusquement le souvenir lui revint, et il s'assit dans son lit.

Alors il recommença lentement, un à un, tous les raisonnements qui avaient torturé son cœur sur la jetée pendant que criaient les sirènes. Plus il songeait, moins il doutait. Il se sentait traîné par sa logique, comme par une main qui attire et étrangle, vers l'intolérable certitude.

Il avait soif, il avait chaud, son cœur battait. Il se leva pour ouvrir sa fenêtre et respirer, et, quand il fut debout, un bruit léger lui parvint à travers le mur.

Jean dormait tranquille et ronflait doucement. Il dormait, lui! Il n'avait rien pressenti, rien deviné! Un homme qui avait connu leur mère lui laissait toute sa fortune. Il prenait l'argent, trouvant cela juste et naturel.

Il dormait, riche et satisfait, sans savoir que son frère haletait de souffrance et de détresse. Et une colère se levait en lui contre ce ronfleur insouciant et content.

La veille il eût frappé contre sa porte, serait entré, et, assis près du lit, lui aurait dit dans l'effarement de son réveil subit: « Jean, tu ne dois pas garder ce legs qui pourrait demain faire suspecter notre mère et la déshonorer. »

Mais aujourd'hui il ne pouvait plus parler, il ne pouvait pas dire à Jean qu'il ne le croyait point le fils de leur père. Il fallait à présent garder, enterrer en lui cette honte découverte par lui, cacher à tous la tache aperçue, et que personne ne devait découvrir, pas même son frère, surtout son frère.*

Il ne songeait plus guère maintenant au vain respect de l'opinion publique. Il aurait voulu que tout le monde accusât sa mère pourvu qu'il la sût innocente, lui, lui seul! Comment pourrait-il supporter de vivre près d'elle, tous les jours, et de croire, en la regardant, qu'elle avait enfanté son frère de la caresse d'un étranger?

Comme elle était calme et sereine pourtant, comme elle paraissait sûre d'elle! Était-il possible qu'une femme comme elle, d'une âme pure et d'un cœur droit, pût tomber, entraînée par la passion, sans que, plus tard, rien n'apparût de ses remords, des souvenirs de sa conscience troublée?

Ah! les remords! les remords! ils avaient dû, jadis, dans les premiers temps, la torturer, puis ils s'étaient effacés, comme tout s'efface. Certes, elle avait pleuré sa faute, et, peu à peu, l'avait presque oubliée. Est-ce que toutes les femmes, toutes, n'ont pas cette faculté d'oubli prodigieuse qui leur fait reconnaître à peine, après quelques années passées, l'homme à qui elles ont donné leur bouche et tout leur corps à baiser? Le baiser frappe comme la foudre, l'amour passe comme un orage, puis la vie, de nouveau, se calme comme le ciel, et recommence ainsi qu'avant. Se souvient-on d'un nuage?

Pierre ne pouvait plus demeurer dans sa chambre! Cette maison, la maison de son père l'écrasait. Il sentait peser le toit sur sa tête et les murs l'étouffer.* Et comme il avait très soif, il alluma sa bougie afin d'aller boire un verre d'eau fraîche au filtre* de la cuisine.

Il descendit les deux étages, puis, comme il remontait avec la carafe pleine, il s'assit en chemise sur une marche de l'escalier où circulait un courant d'air, et il but, sans verre, par longues gorgées, comme un coureur essoufflé. Quand il eut cessé de remuer, le silence de cette demeure l'émut; puis, un à un, il en distingua les moindres bruits. Ce fut d'abord l'horloge de la salle à manger dont le battement lui paraissait grandir de seconde en seconde. Puis il entendit de nouveau un ronflement, un ronflement de vieux, court, pénible et dur, celui de son père sans aucun doute; et il fut crispé par cette idée, comme si elle venait seulement de jaillir en lui, que ces deux hommes qui ronflaient*

dans ce même logis, le père et le fils, n'étaient rien l'un à l'autre!
Aucun lien, même le plus léger, ne les unissait, et ils ne le savaient pas!
Ils se parlaient avec tendresse, ils s'embrassaient, se réjouissaient
et s'attendrissaient ensemble des mêmes choses, comme si le même sang
eût coulé dans leurs veines. Et deux personnes nées aux deux extrémités
du monde ne pouvaient pas être plus étrangères l'une à l'autre que ce
père et que ce fils. Ils croyaient s'aimer parce qu'un mensonge avait
grandi entre eux. C'était un mensonge qui faisait cet amour paternel et
cet amour filial, un mensonge impossible à dévoiler et que personne
ne connaîtrait jamais que lui, le vrai fils.

Pourtant, pourtant, s'il se trompait? Comment le savoir? Ah! si une
ressemblance, même légère, pouvait exister entre son père et Jean, une
de ces ressemblances mystérieuses qui vont de l'aïeul aux arrière-petits-
fils, montrant que toute une race descend directement du même baiser.*
Il aurait fallu si peu de chose, à lui médecin, pour reconnaître cela, la
forme de la mâchoire, la courbure du nez, l'écartement des yeux, la
nature des dents ou des poils, moins encore, un geste, une habitude,
une manière d'être, un goût transmis, un signe quelconque bien
caractéristique pour un œil exercé.

Il cherchait et ne se rappelait rien, non, rien. Mais il avait mal
regardé, mal observé, n'ayant aucune raison pour découvrir ces
imperceptibles indications.

Il se leva pour rentrer dans sa chambre et se mit à monter l'escalier, à
pas lents, songeant toujours. En passant devant la porte de son frère,
il s'arrêta net, la main tendue pour l'ouvrir. Un désir impérieux venait
de surgir en lui de voir Jean tout de suite, de le regarder longuement,
de le surprendre pendant le sommeil, pendant que la figure apaisée, que
les traits détendus se reposent, que toute la grimace* de la vie a disparu.
Il saisirait ainsi le secret dormant de sa physionomie; et si quelque
ressemblance existait, appréciable, elle ne lui échapperait pas.

Mais si Jean s'éveillait, que dirait-il? Comment expliquer cette
visite?

Il demeurait debout, les doigts crispés sur la serrure et cherchant une
raison, un prétexte.

Il se rappela tout à coup que, huit jours plus tôt, il avait prêté à son
frère une fiole de laudanum pour calmer une rage de dents. Il pouvait
lui-même souffrir, cette nuit-là, et venir réclamer sa drogue. Donc il
entra, mais d'un pied furtif, comme un voleur.

Jean, la bouche entr'ouverte, dormait d'un sommeil animal et profond. Sa barbe et ses cheveux blonds faisaient une tache d'or sur le linge blanc. Il ne s'éveilla point, mais il cessa de ronfler.

Pierre, penché vers lui, le contemplait d'un œil avide. Non, ce jeune homme-là ne ressemblait pas à Roland; et, pour la seconde fois, s'éveilla dans son esprit le souvenir du petit portrait disparu de Maréchal.* Il fallait qu'il le trouvât! En le voyant, peut-être, il ne douterait plus.

Son frère remua, gêné sans doute par sa présence, ou par la lueur de sa bougie pénétrant ses paupières. Alors le docteur recula, sur la pointe des pieds, vers la porte, qu'il referma sans bruit; puis il retourna dans sa chambre, mais il ne se coucha pas.

Le jour fut lent à venir. Les heures sonnaient, l'une après l'autre, à la pendule de la salle à manger, dont le timbre avait un son profond et grave, comme si ce petit instrument d'horlogerie eût avalé une cloche de cathédrale. Elles montaient, dans l'escalier vide, traversaient les murs et les portes, allaient mourir au fond des chambres dans l'oreille inerte des dormeurs. Pierre s'était mis à marcher de long en large, de son lit à sa fenêtre. Qu'allait-il faire? Il se sentait trop bouleversé pour passer ce jour-là dans sa famille. Il voulait encore rester seul, au moins jusqu'au lendemain, pour réfléchir, se calmer, se fortifier pour la vie de chaque jour qu'il lui faudrait reprendre.

Eh bien! il irait à Trouville, voir grouiller la foule sur la plage. Cela le distrairait, changerait l'air de sa pensée, lui donnerait le temps de se préparer à* l'horrible chose qu'il avait découverte.

Dès que l'aurore parut, il fit sa toilette et s'habilla. Le brouillard s'était dissipé, il faisait beau, très beau. Comme le bateau de Trouville ne quittait le port qu'à neuf heures, le docteur songea qu'il lui faudrait embrasser sa mère avant de partir.

Il attendit le moment où elle se levait tous les jours, puis il descendit. Son cœur battait si fort en touchant sa porte qu'il s'arrêta pour respirer.* Sa main, posée sur la serrure, était molle et vibrante, presque incapable du léger effort de tourner le bouton pour entrer. Il frappa.

La voix de sa mère demanda:

— Qui est-ce?

— Moi, Pierre.

— Qu'est-ce que tu veux?

— Te dire bonjour parce que je vais passer la journée à Trouville avec des amis.

— C'est que* je suis encore au lit.

— Bon, alors ne te dérange pas. Je t'embrasserai en rentrant, ce soir.

Il espéra qu'il pourrait partir sans la voir, sans poser sur ses joues le baiser faux qui lui soulevait le cœur d'avance.

Mais elle répondit :

— Un moment, je t'ouvre. Tu attendras que je me sois recouchée.

Il entendit ses pieds nus sur le parquet puis le bruit du verrou glissant. Elle cria :

— Entre.

Il entra. Elle était assise dans son lit tand   côté, Roland, un foulard sur la tête et tourné vers le mur, s'c   ormir. Rien ne l'éveillait tant qu'on ne l'avait pas secoué à l   e bras.* Les jours de pêche, c'était la bonne, sonnée à l'he   nue par le matelot Papagris, qui venait tirer son maître de cet   ible repos.

Pierre, en allant vers elle, regardait sa mère ; et il   sembla tout à coup qu'il ne l'avait jamais vue.

Elle lui tendit ses joues, il y mit deux baisers, puis s'assit sur une chaise basse.

— C'est hier soir que tu as décidé cette partie? dit-elle.

— Oui, hier soir.

— Tu reviens pour dîner?

— Je ne sais pas encore. En tout cas, ne m'attendez point.

Il l'examinait avec une curiosité stupéfaite. C'était sa mère, cette femme! Toute cette figure, vue dès l'enfance, dès que son œil avait pu distinguer, ce sourire, cette voix si connue, si familière, lui paraissaient brusquement nouveaux et autres de* ce qu'ils avaient été jusque-là pour lui. Il comprenait à présent que, l'aimant, il ne l'avait jamais regardée.* C'était bien elle pourtant, et il n'ignorait rien des plus petits détails de son visage; mais ces petits détails, il les apercevait nettement pour la première fois. Son attention anxieuse, fouillant cette tête chérie, la lui révélait différente, avec une physionomie qu'il n'avait jamais découverte.

Il se leva pour partir, puis, cédant soudain à l'invincible envie de savoir qui lui mordait le cœur depuis la veille :

— Dis donc, j'ai cru me rappeler qu'il y avait autrefois, à Paris, un petit portrait de Maréchal dans notre salon.

Elle hésita une seconde ou deux; ou du moins il se figura qu'elle hésitait; puis elle dit:

— Mais oui.

— Et qu'est-ce qu'il est devenu, ce portrait?

Elle aurait pu encore répondre plus vite:*

— Ce portrait... attends... je ne sais pas trop... Peut-être que je l'ai dans mon secrétaire.

— Tu serais bien aimable de le retrouver.

— Oui, je chercherai. Pourquoi le veux-tu?

— Oh! ce n'est pas pour moi. J'ai songé qu'il serait tout naturel de le donner à Jean, et que cela ferait plaisir à mon frère.

— Oui, tu as raison, c'est une bonne pensée.* Je vais le chercher dès que je serai levée.

Et il sortit.

C'était un jour bleu, sans un souffle d'air. Les gens dans la rue semblaient gais, les commerçants allant à leurs affaires, les employés allant à leur bureau, les jeunes filles allant à leur magasin. Quelques-uns chantonnaient, mis en joie par la clarté.

Sur le bateau de Trouville les passagers montaient déjà. Pierre s'assit, tout à l'arrière, sur un banc de bois.

Il se demandait:

— A-t-elle été inquiétée par ma question sur le portrait, ou seulement surprise? L'a-t-elle égaré ou caché? Sait-elle où il est, ou bien ne sait-elle pas? Si elle l'a caché, pourquoi?

Et son esprit, suivant toujours la même marche, de déduction en déduction, conclut ceci:

Le portrait, portrait d'ami, portrait d'amant, était resté dans le salon bien en vue, jusqu'au jour où la femme, où la mère s'était aperçue, la première, avant tout le monde, que ce portrait ressemblait à son fils. Sans doute, depuis longtemps, elle épiait cette ressemblance; puis, l'ayant découverte, l'ayant vue naître et comprenant que chacun pourrait, un jour ou l'autre, l'apercevoir aussi, elle avait enlevé, un soir, la petite peinture redoutable et l'avait cachée, n'osant pas la détruire.

Et Pierre se rappelait fort bien maintenant que cette miniature avait disparu longtemps, longtemps avant leur départ de Paris! Elle avait disparu, croyait-il, quand la barbe de Jean, se mettant à pousser, l'avait rendu tout à coup pareil au jeune homme blond qui souriait dans le cadre.

Le mouvement du bateau qui partait troubla sa pensée et la dispersa!* Alors, s'étant levé, il regarda la mer.

Le petit paquebot sortit des jetées, tourna à gauche et soufflant, haletant, frémissant, s'en alla vers la côte lointaine qu'on apercevait dans la brume matinale. De place en place la voile rouge d'un lourd bateau de pêche immobile sur la mer plate avait l'air d'un gros rocher sortant de l'eau. Et la Seine descendant de Rouen semblait un large bras de mer séparant deux terres voisines.

En moins d'une heure on parvint au port de Trouville, et comme c'était le moment du bain, Pierre se rendit sur la plage.

De loin, elle avait l'air d'un long jardin plein de fleurs éclatantes. Sur la grande dune de sable jaune, depuis la jetée jusqu'aux Roches-Noires,* les ombrelles de toutes les couleurs, les chapeaux de toutes les formes, les toilettes de toutes les nuances, par groupes devant les cabines, par lignes le long du flot ou dispersés çà et là, ressemblaient vraiment* à des bouquets énormes dans une prairie démesurée. Et le bruit confus, proche et lointain des voix égrenées dans l'air léger, les appels, les cris d'enfants qu'on baigne, les rires clairs des femmes faisaient une rumeur continue et douce, mêlée à la brise insensible et qu'on aspirait avec elle.

Pierre marchait au milieu de ces gens, plus perdu, plus séparé d'eux, plus isolé, plus noyé dans sa pensée torturante, que si on l'avait jeté à la mer du pont d'un navire, à cent lieues au large. Il les frôlait, entendait, sans écouter, quelques phrases; et il voyait, sans regarder, les hommes parler aux femmes et les femmes sourire aux hommes.

Mais tout à coup, comme s'il s'éveillait, il les aperçut distinctement; et une haine surgit en lui contre eux, car ils semblaient heureux et contents.

Il allait maintenant frôlant les groupes, tournant autour, saisi par des pensées nouvelles. Toutes ces toilettes multicolores qui couvraient le sable comme un bouquet, ces étoffes jolies, ces ombrelles voyantes, la grâce factice des tailles emprisonnées, toutes ces inventions ingénieuses de la mode depuis la chaussure mignonne jusqu'au chapeau extravagant, la séduction du geste, de la voix et du sourire, la coquetterie enfin étalée sur cette plage lui apparaissaient soudain comme une immense floraison de la perversité féminine. Toutes ces femmes parées voulaient plaire, séduire, et tenter quelqu'un. Elles s'étaient faites belles pour les hommes, pour tous les hommes, excepté pour l'époux qu'elles n'avaient plus besoin de conquérir. Elles s'étaient faites belles pour l'amant d'aujourd'hui et l'amant de demain, pour l'inconnu rencontré, remarqué, attendu peut-être.

Et ces hommes, assis près d'elles, les yeux dans les yeux, parlant la bouche près de la bouche, les appelaient et les désiraient, les chassaient comme un gibier souple et fuyant, bien qu'il semblât si proche et si facile. Cette vaste plage n'était donc qu'une halle d'amour où les unes se vendaient, les autres se donnaient, celles-ci marchandaient leurs caresses et celles-là se promettaient seulement. Toutes ces femmes ne pensaient qu'à la même chose, offrir et faire désirer leur chair déjà donnée, déjà vendue, déjà promise à d'autres hommes. Et il songea que sur la terre entière c'était toujours la même chose.

Sa mère avait fait comme les autres, voilà tout! Comme les autres? — non! Il existait des exceptions, et beaucoup, beaucoup! Celles qu'il voyait autour de lui, des riches, des folles, des chercheuses d'amour, appartenaient en somme à la galanterie élégante et mondaine ou même à la galanterie tarifée, car on ne rencontrait pas sur les plages piétinées par la légion des désœuvrées, le peuple des honnêtes femmes enfermées dans la maison close.*

La mer montait, chassant peu à peu vers la ville les premières lignes des baigneurs. On voyait les groupes se lever vivement et fuir, en emportant leurs sièges, devant le flot jaune qui s'en venait frangé d'une petite dentelle d'écume. Les cabines roulantes,* attelées d'un cheval, remontaient aussi; et sur les planches de la promenade, qui borde la plage d'un bout à l'autre, c'était maintenant une coulée continue, épaisse et lente, de foule élégante, formant deux courants contraires qui se coudoyaient et se mêlaient. Pierre, nerveux, exaspéré par ce frôlement, s'enfuit, s'enfonça dans la ville et s'arrêta pour déjeuner chez un simple marchand de vins, à l'entrée des champs.

Quand il eut pris son café, il s'étendit sur deux chaises devant la porte, et comme il n'avait guère dormi cette nuit-là, il s'assoupit à l'ombre d'un tilleul.

Après quelques heures de repos, s'étant secoué, il s'aperçut qu'il était temps de revenir pour reprendre le bateau, et il se mit en route, accablé par une courbature subite tombée sur lui pendant son assoupissement. Maintenant il voulait rentrer, il voulait savoir si sa mère avait retrouvé le portrait de Maréchal. En parlerait-elle la première, ou faudrait-il qu'il le demandât de nouveau? Certes si elle attendait qu'on l'interrogeât encore, elle avait une raison secrète de ne point montrer ce portrait.

Mais lorsqu'il fut rentré dans sa chambre, il hésita à descendre pour le dîner. Il souffrait trop. Son cœur soulevé n'avait pas encore eu le temps de s'apaiser. Il se décida pourtant, et il parut dans la salle à manger comme on se mettait à table.

Un air de joie animait les visages.

— Eh bien! dit Roland, ça avance-t-il, vos achats? Moi, je ne veux rien voir avant que tout soit installé.

Sa femme répondit:

— Mais oui, ça va. Seulement il faut longtemps réfléchir pour ne pas commettre d'impair. La question du mobilier nous préoccupe beaucoup.

Elle avait passé la journée à visiter avec Jean des boutiques de tapissiers et des magasins d'ameublement. Elle voulait des étoffes riches, un peu pompeuses, pour frapper l'œil. Son fils, au contraire, désirait quelque chose de simple et de distingué. Alors, devant tous les échantillons proposés, ils avaient répété, l'un et l'autre, leurs arguments. Elle prétendait que le client, le plaideur a besoin d'être impressionné, qu'il doit ressentir, en entrant dans le salon d'attente, l'émotion de la richesse.

Jean au contraire, désirant n'attirer que la clientèle élégante et opulente,* voulait conquérir l'esprit des gens fins par son goût modeste et sûr.

Et la discussion, qui avait duré toute la journée, reprit dès le potage. Roland n'avait pas d'opinion. Il répétait:

— Moi, je ne veux entendre parler de rien. J'irai voir quand ce sera fini.

Mme Roland fit appel au jugement de son fils aîné:

— Voyons, toi, Pierre, qu'en penses-tu?

Il avait les nerfs tellement surexcités qu'il eut envie de répondre par un juron. Il dit cependant sur un ton sec, où vibrait son irritation:

— Oh! moi, je suis tout à fait de l'avis de Jean. Je n'aime que la simplicité, qui est, quand il s'agit de goût, comparable à la droiture quand il s'agit de caractère.

Sa mère reprit:

— Songe que nous habitons une ville de commerçants, où le bon goût ne court pas les rues.*

Pierre répondit:

— Et qu'importe? Est-ce une raison pour imiter les sots? Si mes compatriotes sont bêtes ou malhonnêtes, ai-je besoin de suivre leur exemple? Une femme ne commettra pas une faute pour cette raison que ses voisines ont des amants.

Jean se mit à rire:

— Tu as des arguments par comparaison qui semblent pris dans les maximes d'un moraliste.

Pierre ne répliqua point. Sa mère et son frère recommencèrent à parler d'étoffes et de fauteuils.

Il les regardait comme il avait regardé sa mère, le matin, avant de partir pour Trouville; il les regardait en étranger qui observe, et il se croyait en effet entré tout à coup dans une famille inconnue.

Son père, surtout, étonnait son œil et sa pensée. Ce gros homme flasque, content et niais, c'était son père, à lui! Non, non, Jean ne lui ressemblait en rien.

Sa famille! Depuis deux jours une main inconnue et malfaisante, la main d'un mort, avait arraché et cassé, un à un, tous les liens qui tenaient l'un à l'autre ces quatre êtres. C'était fini, c'était brisé. Plus de mère, car il ne pourrait plus la chérir, ne la pouvant vénérer avec ce respect absolu, tendre et pieux, dont a besoin le cœur des fils; plus de frère, puisque ce frère était l'enfant d'un étranger; il ne lui restait qu'un père, ce gros homme, qu'il n'aimait pas, malgré lui.

Et tout à coup:*

— Dis donc, maman, as-tu retrouvé ce portrait?

Elle ouvrit des yeux surpris:

— Quel portrait?

— Le portrait de Maréchal.

— Non... c'est-à-dire oui... je ne l'ai pas retrouvé, mais je crois savoir où il est.

— Quoi donc? demanda Roland.

Pierre lui dit:

— Un petit portrait de Maréchal qui était autrefois dans notre salon à Paris. J'ai pensé que Jean serait content de le posséder.

Roland s'écria:

— Mais oui, mais oui, je m'en souviens parfaitement; je l'ai même vu encore* à la fin de l'autre semaine. Ta mère l'avait tiré de son secrétaire en rangeant ses papiers. C'était jeudi ou vendredi. Tu te rappelles bien,

Louise? J'étais en train de me raser quand tu l'as pris dans un tiroir et posé sur une chaise à côté de toi, avec un tas de lettres dont tu as brûlé la moitié. Hein? est-ce drôle que tu aies touché à ce portrait deux ou trois jours à peine avant l'héritage de Jean? Si je croyais aux pressentiments,* je dirais que c'en est un!

Mme Roland répondit avec tranquillité:

— Oui, oui, je sais où il est; j'irai le chercher tout à l'heure.

Donc elle avait menti! Elle avait menti en répondant, ce matin-là même, à son fils qui lui demandait ce qu'était devenue cette miniature: « Je ne sais pas trop... peut-être que je l'ai dans mon secrétaire. »

Elle l'avait vue, touchée, maniée, contemplée quelques jours auparavant, puis elle l'avait recachée dans le tiroir secret, avec des lettres, ses lettres à lui.*

Pierre regardait sa mère, qui avait menti. Il la regardait avec une colère exaspérée de fils trompé,* volé dans son affection sacrée, et avec une jalousie d'homme longtemps aveugle qui découvre enfin une trahison honteuse. S'il avait été le mari de cette femme, lui, son enfant, il l'aurait saisie par les poignets, par les épaules ou par les cheveux, et jetée à terre, frappée, meurtrie, écrasée! Et il ne pouvait rien dire, rien faire, rien montrer, rien révéler. Il était son fils, il n'avait rien à venger, lui, on ne l'avait pas trompé.

Mais oui, elle l'avait trompé dans sa tendresse, trompé dans son pieux respect. Elle se devait à lui irréprochable, comme se doivent toutes les mères à leurs enfants. Si la fureur dont il était soulevé arrivait presque à de la haine, c'est qu'il la sentait plus criminelle envers lui qu'envers son père lui-même.

L'amour de l'homme et de la femme est un pacte volontaire où celui qui faiblit n'est coupable que de perfidie; mais quand la femme est devenue mère, son devoir a grandi puisque la nature lui confie une race. Si elle succombe alors, elle est lâche, indigne et infâme!*

— C'est égal, dit tout à coup Roland en allongeant ses jambes sous la table, comme il faisait chaque soir pour siroter son verre de cassis, ça n'est pas mauvais de vivre à rien faire quand on a une petite aisance. J'espère que Jean nous offrira des dîners extra, maintenant. Ma foi, tant pis si j'attrape quelquefois mal à l'estomac.

Puis se tournant vers sa femme:

— Va donc chercher ce portrait, ma chatte, puisque tu as fini de manger. Ça me fera plaisir aussi de le revoir.

Elle se leva, prit une bougie et sortit. Puis, après une absence qui parut longue à Pierre, bien qu'elle n'eût pas duré trois minutes, Mme Roland rentra, souriante, et tenant par l'anneau un cadre doré de forme ancienne.

— Voilà, dit-elle, je l'ai retrouvé presque tout de suite.

Le docteur, le premier, avait tendu la main. Il reçut le portrait, et, d'un peu loin, à bout de bras, l'examina. Puis, sentant bien que sa mère le regardait, il leva lentement les yeux sur son frère, pour comparer. Il faillit dire, emporté par sa violence: « Tiens, cela ressemble à Jean. » S'il n'osa pas prononcer ces redoutables paroles, il manifesta sa pensée par la façon dont il comparait la figure vivante à la figure peinte.

Elles avaient, certes, des signes communs: la même barbe et le même front, mais rien d'assez précis pour permettre de déclarer: « Voilà le père, et voilà le fils. » C'était plutôt un air de famille, une parenté de physionomies qu'anime le même sang. Or, ce qui fut pour Pierre plus décisif encore que cette allure* des visages, c'est que sa mère s'était levée, avait tourné le dos et feignait d'enfermer, avec trop de lenteur, le sucre et le cassis dans un placard.

Elle avait compris qu'il savait, ou du moins qu'il soupçonnait!

— Passe-moi donc ça, disait Roland.

Pierre tendit la miniature et son père attira la bougie pour bien voir; puis il murmura d'une voix attendrie:

— Pauvre garçon! dire qu'il était comme ça quand nous l'avons connu. Cristi! comme ça va vite! Il était joli homme, tout de même, à cette époque, et si plaisant* de manières, n'est-ce pas, Louise?

Comme sa femme ne répondait pas, il reprit:

— Et quel caractère égal! Je ne lui ai jamais vu de mauvaise humeur. Voilà, c'est fini, il n'en reste plus rien... que ce qu'il a laissé à Jean. Enfin, on pourra jurer que celui-là s'est montré bon ami et fidèle jusqu'au bout. Même en mourant il ne nous a pas oubliés.

Jean, à son tour, tendit le bras pour prendre le portrait. Il le contempla quelques instants, puis, avec regret:

— Moi, je ne le reconnais pas du tout. Je ne me le rappelle qu'avec ses cheveux blancs.

Et il rendit la miniature à sa mère. Elle y jeta un regard rapide, vite détourné, qui semblait craintif; puis de sa voix naturelle:

— Cela t'appartient maintenant, mon Jeannot, puisque tu es son héritier. Nous le porterons dans ton nouvel appartement.

Et comme on entrait au salon, elle posa la miniature sur la cheminée, près de la pendule, où elle était autrefois.

Roland bourrait sa pipe, Pierre et Jean allumèrent des cigarettes. Ils les fumaient ordinairement l'un en marchant à travers la pièce, l'autre assis, enfoncé dans un fauteuil, et les jambes croisées. Le père se mettait toujours à cheval sur une chaise et crachait de loin dans la cheminée.

Mme Roland, sur un siège bas, près d'une petite table qui portait la lampe, brodait, tricotait ou marquait du linge.

Elle commençait, ce soir-là, une tapisserie destinée à la chambre de Jean. C'était un travail difficile et compliqué dont le début exigeait toute son attention. De temps en temps cependant son œil qui comptait les points se levait et allait, prompt et furtif, vers le petit portrait du mort appuyé contre la pendule. Et le docteur qui traversait l'étroit salon en quatre ou cinq enjambées, les mains derrière le dos et la cigarette aux lèvres, rencontrait chaque fois le regard de sa mère.

On eût dit qu'ils s'épiaient, qu'une lutte venait de se déclarer entre eux; et un malaise douloureux, un malaise insoutenable crispait le cœur de Pierre. Il se disait, torturé et satisfait pourtant: « Doit-elle souffrir en ce moment, si elle sait que je l'ai devinée! » Et à chaque retour vers le foyer, il s'arrêtait quelques secondes à contempler le visage blond de Maréchal, pour bien montrer qu'une idée fixe le hantait. Et ce petit portrait, moins grand qu'une main ouverte, semblait une personne vivante, méchante, redoutable, entrée soudain dans cette maison et dans cette famille.

Tout à coup la sonnette de la rue tinta. Mme Roland, toujours si calme, eut un sursaut qui révéla le trouble de ses nerfs au docteur.

Puis elle dit: « Ça doit être Mme Rosémilly. » Et son œil anxieux encore une fois se leva vers la cheminée.

Pierre comprit, ou crut comprendre sa terreur et son angoisse. Le regard des femmes est perçant, leur esprit agile, et leur pensée soupçonneuse. Quand celle qui allait entrer apercevrait cette miniature inconnue, du premier coup, peut-être, elle découvrirait la ressemblance entre cette figure et celle de Jean. Alors elle saurait et comprendrait tout! Il eut peur, une peur brusque et horrible que cette honte fût dévoilée, et se retournant, comme la porte s'ouvrait, il prit la petite peinture et la glissa sous la pendule sans que son père et son frère l'eussent vu.

Rencontrant de nouveau les yeux de sa mère, ils lui parurent changés, troubles et hagards.

— Bonjour, disait Mme Rosémilly, je viens boire avec vous une tasse de thé.

Mais pendant qu'on s'agitait autour d'elle pour s'informer de sa santé, Pierre disparut par la porte restée ouverte.

Quand on s'aperçut de son départ, on s'étonna. Jean, mécontent à cause de la jeune veuve qu'il craignait blessée, murmurait :

— Quel ours !

Mme Roland répondit :

— Il ne faut pas lui en vouloir, il est un peu malade aujourd'hui et fatigué d'ailleurs de sa promenade à Trouville.

— N'importe, reprit Roland, ce n'est pas une raison pour s'en aller comme un sauvage.

Mme Rosémilly voulut arranger les choses en affirmant :

— Mais non, mais non, il est parti à l'anglaise ; on se sauve toujours ainsi dans le monde quand on s'en va de bonne heure.

— Oh ! répondit Jean, dans le monde, c'est possible, mais on ne traite pas sa famille à l'anglaise, et mon frère ne fait que cela, depuis quelque temps.

VI

Rien ne survint chez les Roland pendant une semaine ou deux. Le père pêchait, Jean s'installait aidé de sa mère, Pierre, très sombre, ne paraissait plus qu'aux heures des repas.

Son père lui ayant demandé un soir :

— Pourquoi diable nous fais-tu une figure d'enterrement ? Ça n'est pas d'aujourd'hui que je le remarque !

Le docteur répondit :

— C'est que je sens terriblement le poids de la vie.

Le bonhomme n'y comprit rien et, d'un air désolé :

— Vraiment c'est trop fort. Depuis que nous avons eu le bonheur de cet héritage, tout le monde semble malheureux. C'est comme s'il nous était arrivé un accident, comme si nous pleurions quelqu'un !

— Je pleure quelqu'un en effet, dit Pierre.

— Toi ? Qui donc ?

— Oh ! quelqu'un que tu n'as pas connu, et que j'aimais trop.

Roland s'imagina qu'il s'agissait d'une amourette, d'une personne légère courtisée par son fils, et il demanda :

— Une femme, sans doute ?

— Oui, une femme.

— Morte ?

— Non, c'est pis, perdue.

— Ah !

Bien qu'il s'étonnât de cette confidence imprévue, faite devant sa femme, et du ton bizarre de son fils, le vieux n'insista point, car il estimait que ces choses-là ne regardent pas les tiers.

Mme Roland semblait n'avoir point entendu ; elle paraissait malade, étant très pâle. Plusieurs fois déjà son mari, surpris de la voir s'asseoir comme si elle tombait sur son siège,* de l'entendre souffler comme si elle ne pouvait plus respirer, lui avait dit:

— Vraiment, Louise, tu as mauvaise mine, tu te fatigues trop sans doute à installer Jean! Repose-toi un peu, sacristi! Il n'est pas pressé, le gaillard, puisqu'il est riche.

Elle remuait la tête sans répondre.

Sa pâleur, ce jour-là, devint si grande que Roland, de nouveau, la remarqua.

— Allons, dit-il, ça ne va pas du tout, ma pauvre vieille, il faut te soigner.

Puis se tournant vers son fils:

— Tu le vois bien, toi, qu'elle est souffrante, ta mère. L'as-tu examinée, au moins?

Pierre répondit:

— Non, je ne m'étais pas aperçu qu'elle eût quelque chose.

Alors Roland se fâcha:

— Mais ça crève les yeux, nom d'un chien! A quoi ça te sert-il d'être docteur alors, si tu ne t'aperçois même pas que ta mère est indisposée? Mais regarde-la, tiens, regarde-la. Non, vrai, on pourrait crever, ce médecin-là ne s'en douterait pas!

Mme Roland s'était mise à haleter, si blême que son mari s'écria:

— Mais elle va se trouver mal.

— Non... non... ce n'est rien... ça va passer... ce n'est rien.

Pierre s'était approché, et la regardant fixement:

— Voyons, qu'est-ce que tu as? dit-il.

Elle répétait, d'une voix basse, précipitée:

— Mais rien... rien... je t'assure... rien.

Roland était parti chercher du vinaigre; il rentra, et tendant la bouteille à son fils:

— Tiens... mais soulage-la donc, toi. As-tu tâté son cœur, au moins?

Comme Pierre se penchait pour prendre son pouls, elle retira sa main d'un mouvement si brusque qu'elle heurta une chaise voisine.

— Allons, dit-il d'une voix froide, laisse-toi soigner puisque tu es malade.

Alors elle souleva et lui tendit son bras. Elle avait la peau brûlante, les battements du sang tumultueux et saccadés. Il murmura:

— En effet, c'est assez sérieux. Il faudra prendre des calmants. Je vais te faire une ordonnance.

Et comme il écrivait, courbé sur son papier, un bruit léger de soupirs pressés, de suffocation, de souffles courts et retenus, le fit se retourner soudain.

Elle pleurait, les deux mains sur la face.

Roland, éperdu, demandait:

— Louise, Louise, qu'est-ce que tu as? mais qu'est-ce que tu as donc?

Elle ne répondait pas et semblait déchirée par un chagrin horrible et profond.

Son mari voulut prendre ses mains et les ôter de son visage. Elle résista, répétant:

— Non, non, non.

Il se tourna vers son fils.

— Mais qu'est-ce qu'elle a? Je ne l'ai jamais vue ainsi.

— Ce n'est rien, dit Pierre, une petite crise de nerfs.

Et il lui semblait que son cœur à lui se soulageait à la voir ainsi torturée, que cette douleur allégeait son ressentiment, diminuait la dette d'opprobre* de sa mère. Il la contemplait comme un juge satisfait de sa besogne.

Mais soudain elle se leva, se jeta vers la porte, d'un élan si brusque qu'on ne put ni le prévoir ni l'arrêter; et elle courut s'enfermer dans sa chambre.

Roland et le docteur demeurèrent face à face.

— Est-ce que tu y comprends quelque chose? dit l'un.

— Oui, répondit l'autre, cela vient d'un simple petit malaise nerveux qui se déclare souvent à l'âge de maman. Il est probable qu'elle aura encore beaucoup de crises comme celle-là.

Elle en eut d'autres en effet, presque chaque jour, et que Pierre semblait provoquer d'une parole, comme s'il avait eu le secret de son mal étrange et inconnu. Il guettait sur sa figure les intermittences de repos, et, avec des ruses de tortionnaire, réveillait par un seul mot la douleur un instant calmée.

Et il souffrait autant qu'elle, lui! Il souffrait affreusement de ne plus l'aimer, de ne plus la respecter et de la torturer. Quand il avait bien avivé la plaie saignante, ouverte par lui dans ce cœur de femme et de mère, quand il sentait combien elle était misérable et désespérée, il s'en allait seul, par la ville, si tenaillé par les remords, si meurtri par la pitié, si désolé de l'avoir ainsi broyée sous son mépris de fils, qu'il avait envie de se jeter à la mer, de se noyer pour en finir.

Oh! comme il aurait voulu pardonner, maintenant! mais il ne le pouvait point, étant incapable d'oublier. Si seulement il avait pu ne pas la faire souffrir; mais il ne le pouvait pas non plus, souffrant toujours lui-même. Il rentrait aux heures des repas, plein de résolutions attendries, puis dès qu'il l'apercevait, dès qu'il voyait son œil, autrefois si droit et si franc, et fuyant à présent, craintif, éperdu, il frappait malgré lui, ne pouvant garder la phrase perfide qui lui montait aux lèvres.

L'infâme secret, connu d'eux seuls, l'aiguillonnait contre elle. C'était un venin qu'il portait à présent dans les veines et qui lui donnait des envies de mordre à la façon d'un chien enragé.

Rien ne le gênait plus pour la déchirer sans cesse, car Jean habitait maintenant presque tout à fait son nouvel appartement, et il revenait seulement pour dîner et pour coucher, chaque soir, dans sa famille.

Il s'apercevait souvent des amertumes et des violences de son frère, qu'il attribuait à la jalousie. Il se promettait bien de le remettre à sa place, et de lui donner une leçon un jour ou l'autre, car la vie de famille devenait fort pénible à la suite de ces scènes continuelles. Mais comme il vivait à part maintenant, il souffrait moins de ces brutalités; et son amour de la tranquillité le poussait à la patience.* La fortune, d'ailleurs, l'avait grisé, et sa pensée ne s'arrêtait plus guère qu'aux choses ayant pour lui un intérêt direct. Il arrivait, l'esprit plein de petits soucis nouveaux, préoccupé de la coupe d'une jaquette, de la forme d'un chapeau de feutre, de la grandeur convenable pour des cartes de visite. Et il parlait avec persistance de tous les détails de sa maison, de planches posées dans le placard de sa chambre pour serrer le linge, de portemanteaux installés dans le vestibule, de sonneries électriques disposées pour prévenir toute pénétration clandestine dans le logis.

Il avait été décidé qu'à l'occasion de son installation, on ferait une partie de campagne à Saint-Jouin, et qu'on reviendrait prendre le thé, chez lui, après dîner. Roland voulait aller par mer, mais la distance et l'incertitude où l'on était d'arriver par cette voie, si le vent contraire soufflait, firent repousser son avis, et un break fut loué pour cette excursion.

On partit vers dix heures afin d'arriver pour le déjeuner. La grande route poudreuse se déployait à travers la campagne normande que les

ondulations des plaines et les fermes entourées d'arbres font ressembler
à un parc sans fin. Dans la voiture emportée au trot lent de deux gros
chevaux, la famille Roland, Mme Rosémilly et le capitaine Beausire, se
taisaient, assourdis par le bruit des roues, et fermaient les yeux dans un
nuage de poussière.

C'était l'époque des récoltes mûres. A côté des trèfles d'un vert
sombre, et des betteraves d'un vert cru, les blés jaunes éclairaient la
campagne d'une lueur dorée et blonde. Ils semblaient avoir bu la
lumière du soleil tombée sur eux. On commençait à moissonner par
places, et dans les champs attaqués par les faux on voyait les hommes se
balancer en promenant au ras du sol leur grande lame en forme d'aile.

Après deux heures de marche, le break prit un chemin à gauche,
passa près d'un moulin à vent qui tournait, mélancolique épave grise, à
moitié pourrie et condamnée, dernier survivant des vieux moulins,
puis il entra dans une jolie cour et s'arrêta devant une maison coquette,
auberge célèbre dans le pays.

La patronne, qu'on appelle la belle Alphonsine,* s'en vint, souriante,
sur sa porte, et tendit la main aux deux dames qui hésitaient devant
le marchepied trop haut.

Sous une tente, au bord de l'herbage ombragé de pommiers, des
étrangers déjeunaient déjà, des Parisiens venus d'Étretat; et on
entendait dans l'intérieur de la maison des voix, des rires et des bruits
de vaisselle.

On dut manger dans une chambre, toutes les salles étant
pleines. Soudain Roland aperçut contre la muraille des filets à
salicoques.

— Ah! ah! cria-t-il, on pêche du bouquet* ici?

— Oui, répondit Beausire, c'est même l'endroit où on en prend le
plus de toute la côte.

— Bigre! si nous y allions* après déjeuner?

Il se trouvait justement que la marée était basse à trois heures; et on
décida que tout le monde passerait l'après-midi dans les rochers, à
chercher des salicoques.

On mangea peu, pour éviter l'afflux* de sang à la tête quand on
aurait les pieds dans l'eau. On voulait d'ailleurs se réserver pour le
dîner, qui fut commandé magnifique et qui devait être prêt dès six
heures, quand on rentrerait.

Roland ne se tenait pas d'impatience. Il voulait acheter les engins spéciaux employés pour cette pêche, et qui ressemblent beaucoup à ceux dont on se sert pour attraper des papillons dans les prairies.

On les nomme lanets.* Ce sont de petites poches en filet attachées sur un cercle de bois, au bout d'un long bâton. Alphonsine, souriant toujours, les lui prêta. Puis elle aida les deux femmes à faire une toilette improvisée pour ne point mouiller leurs robes. Elle offrit des jupes, de gros bas de laine et des espadrilles. Les hommes ôtèrent leurs chaussettes et achetèrent chez le cordonnier du lieu des savates et des sabots.

Puis on se mit en route, le lanet sur l'épaule et la hotte sur le dos. Mme Rosémilly, dans ce costume, était tout à fait gentille, d'une gentillesse imprévue, paysanne et hardie.

La jupe prêtée par Alphonsine, coquettement relevée et fermée par un point de couture afin de pouvoir courir et sauter sans peur dans les roches, montrait la cheville et le bas du mollet, un ferme mollet de petite femme souple et forte. La taille était libre pour laisser aux mouvements leur aisance; et elle avait trouvé, pour se couvrir la tête, un immense chapeau de jardinier, en paille jaune, aux bords démesurés, à qui une branche de tamaris, tenant un côté retroussé, donnait un air mousquetaire* et crâne.

Jean, depuis son héritage, se demandait tous les jours s'il l'épouserait ou non. Chaque fois qu'il la revoyait, il se sentait décidé à en faire sa femme, puis, dès qu'il se trouvait seul, il songeait qu'en attendant on a le temps de réfléchir. Elle était moins riche que lui maintenant, car elle ne possédait qu'une douzaine de mille francs de revenu, mais en biens-fonds, en fermes et en terrains dans le Havre, sur les bassins; et cela, plus tard, pouvait valoir une grosse somme. La fortune était donc à peu près équivalente, et la jeune veuve assurément lui plaisait beaucoup.

En la regardant marcher devant lui ce jour-là, il pensait: « Allons, il faut que je me décide. Certes, je ne trouverai pas mieux. »

Ils suivirent un petit vallon en pente, descendant du village vers la falaise; et la falaise, au bout de ce vallon, dominait la mer de quatre-vingts mètres. Dans l'encadrement des côtes vertes, s'abaissant à droite et à gauche, un grand triangle d'eau, d'un bleu d'argent sous le soleil, apparaissait au loin, et une voile, à peine visible, avait l'air d'un insecte là-bas. Le ciel plein de lumière se mêlait tellement à l'eau qu'on ne distinguait point du tout où finissait l'un et où commençait l'autre;

et les deux femmes, qui précédaient les trois* hommes, dessinaient sur cet horizon clair leurs tailles serrées dans leurs corsages.

Jean, l'œil allumé, regardait fuir devant lui la cheville mince, la jambe fine, la hanche souple et le grand chapeau provocant de Mme Rosémilly. Et cette fuite activait son désir, le poussait aux résolutions décisives que prennent brusquement les hésitants et les timides. L'air tiède, où se mêlait à l'odeur des côtes,* des ajoncs, des trèfles et des herbes, la senteur marine des roches découvertes, l'animait encore en le grisant doucement, et il se décidait un peu plus à chaque pas, à chaque seconde, à chaque regard jeté sur la silhouette alerte de la jeune femme; il se décidait à ne plus hésiter,* à lui dire qu'il l'aimait et qu'il désirait l'épouser. La pêche lui servirait, facilitant leur tête-à-tête; et ce serait en outre un joli cadre, un joli endroit pour parler d'amour, les pieds dans un bassin d'eau limpide, en regardant fuir sous les varechs les longues barbes* des crevettes.

Quand ils arrivèrent au bout du vallon, au bord de l'abîme, ils aperçurent un petit sentier qui descendait le long de la falaise, et sous eux, entre la mer et le pied de la montagne, à mi-côte à peu près, un surprenant chaos de rochers énormes, écroulés, renversés, entassés les uns sur les autres dans une espèce de plaine herbeuse et mouvementée qui courait à perte de vue vers le sud, formée par les éboulements anciens. Sur cette longue bande de broussailles et de gazon secouée, eût-on dit, par des sursauts de volcan, les rocs tombés semblaient les ruines d'une grande cité disparue qui regardait autrefois l'Océan, dominée elle-même par la muraille blanche et sans fin de la falaise.*

— Ça, c'est beau, dit en s'arrêtant Mme Rosémilly.

Jean l'avait rejointe, et, le cœur ému, lui offrait la main pour descendre l'étroit escalier taillé dans la roche.

Ils partirent en avant, tandis que Beausire, se raidissant sur ses courtes jambes, tendait son bras replié à Mme Roland étourdie par le vide.

Roland et Pierre venaient les derniers, et le docteur dut traîner son père, tellement troublé par le vertige, qu'il se laissait glisser, de marche en marche, sur son derrière.*

Les jeunes gens, qui dévalaient en tête, allaient vite, et soudain ils aperçurent à côté d'un banc de bois qui marquait un repos vers le milieu de la valeuse,* un filet d'eau claire jaillissant d'un petit trou de la falaise. Il se répandait d'abord en un bassin grand comme une cuvette qu'il s'était creusé lui-même, puis tombant en cascade haute de deux pieds à peine, il s'enfuyait à travers le sentier, où avait poussé un tapis de cresson, puis disparaissait dans les ronces et les herbes, à travers la plaine soulevée* où s'entassaient les éboulements.

— Oh! que j'ai soif, s'écria Mme Rosémilly.

Mais comment boire? Elle essayait de recueillir dans le fond de sa main l'eau qui lui fuyait à travers les doigts. Jean eut une idée, mit une pierre dans le chemin; et elle s'agenouilla dessus afin de puiser à la source même avec ses lèvres qui se trouvaient ainsi à la même hauteur.

Quand elle releva sa tête, couverte de gouttelettes brillantes semées par milliers sur la peau, sur les cheveux, sur les cils, sur le corsage, Jean penché vers elle murmura:

— Comme vous êtes jolie!

Elle répondit, sur le ton qu'on prend pour gronder un enfant:

— Voulez-vous bien vous taire?

C'étaient les premières paroles un peu galantes* qu'ils échangeaient.

— Allons, dit Jean fort troublé, sauvons-nous avant qu'on nous rejoigne.

Il apercevait, en effet, tout près d'eux maintenant, le dos du capitaine Beausire qui descendait à reculons afin de soutenir par les deux mains Mme Roland, et, plus haut, plus loin, Roland se laissait toujours glisser, calé sur son fond de culotte en se traînant sur les pieds et sur les coudes avec une allure de tortue, tandis que Pierre le précédait en surveillant ses mouvements.

Le sentier moins escarpé devenait une sorte de chemin en pente contournant les blocs énormes tombés autrefois de la montagne. Mme Rosémilly et Jean se mirent à courir et furent bientôt sur le galet. Ils le traversèrent pour gagner les roches. Elles s'étendaient en une longue et plate surface couverte d'herbes marines et où brillaient d'innombrables flaques d'eau. La mer basse était là-bas, très loin, derrière cette plaine gluante de varechs, d'un vert luisant et noir.

Jean releva son pantalon jusqu'au-dessus du mollet et ses manches jusqu'au coude, afin de se mouiller sans crainte, puis il dit: « En avant! » et sauta avec résolution dans la première mare rencontrée.

Plus prudente, bien que décidée aussi à entrer dans l'eau tout à l'heure, la jeune femme tournait autour de l'étroit bassin, à pas craintifs, car elle glissait sur les plantes visqueuses.

— Voyez-vous quelque chose? disait-elle.

— Oui, je vois votre visage qui se reflète dans l'eau.

— Si vous ne voyez que cela, vous n'aurez pas une fameuse pêche.

Il murmura d'une voix tendre:

— Oh! de toutes les pêches c'est encore celle que je préférerais faire.

Elle riait:

— Essayez donc, vous allez voir comme il passera à travers votre filet.

— Pourtant... si vous vouliez?

— Je veux vous voir prendre des salicoques... et rien de plus... pour le moment.

— Vous êtes méchante. Allons plus loin, il n'y a rien ici.

Et il lui offrit la main pour marcher sur les rochers gras. Elle s'appuyait un peu craintive, et lui, tout à coup, se sentait envahi par l'amour, soulevé de désirs, affamé d'elle, comme si le mal qui germait en lui avait attendu ce jour-là pour éclore.

Ils arrivèrent bientôt auprès d'une crevasse plus profonde, où flottaient sous l'eau frémissante et coulant vers la mer lointaine par une fissure invisible, des herbes longues, fines, bizarrement colorées, des chevelures roses et vertes, qui semblaient nager.

Mme Rosémilly s'écria:

— Tenez, tenez, j'en vois une, une grosse, une très grosse là-bas!

Il l'aperçut à son tour, et descendit dans le trou résolument, bien qu'il se mouillât jusqu'à la ceinture.

Mais la bête remuant ses longues moustaches reculait doucement devant le filet. Jean la poussait vers les varechs, sûr de l'y prendre. Quand elle se sentit bloquée, elle glissa d'un brusque élan par-dessus le lanet, traversa la mare et disparut.

La jeune femme qui regardait, toute palpitante, cette chasse, ne put retenir ce cri:

— Oh! maladroit.

Il fut vexé, et d'un mouvement irréfléchi traîna son filet dans un fond plein d'herbes. En le ramenant à la surface de l'eau, il vit dedans trois grosses salicoques transparentes, cueillies à l'aveuglette dans leur cachette invisible.

Il les présenta, triomphant, à Mme Rosémilly qui n'osait point les prendre, par peur de la pointe aiguë et dentelée dont leur tête fine est **armée.**

BOUDIN:
*Crépuscule
sur le bassin
du Commerce
du Havre*
(Nouveau Musée
des Beaux-Arts,
Le Havre).
Cf. pp. 60–61.
Boudin, a
contemporary of
Maupassant and
a forerunner of
the Impression-
ists, lived and
worked on the
Normandy Coast.

BOUDIN: *Plage à Trouville*
(Nouveau Musée des Beaux-Arts, Le Havre)

Elle s'y décida pourtant, et pinçant entre deux doigts le bout effilé de leur barbe, elle les mit, l'une après l'autre, dans sa hotte, avec un peu de varech qui les conserverait vivantes. Puis ayant trouvé une flaque d'eau moins creuse, elle y entra, à pas hésitants, un peu suffoquée par le froid qui lui saisissait les pieds, et elle se mit à pêcher elle-même. Elle était adroite et rusée, ayant la main souple et le flair de chasseur qu'il fallait. Presque à chaque coup, elle ramenait des bêtes trompées et surprises par la lenteur ingénieuse de sa poursuite.

Jean maintenant ne trouvait rien, mais il la suivait pas à pas, la frôlait, se penchait sur elle, simulait un grand désespoir de sa maladresse, voulait apprendre.

— Oh! montrez-moi, disait-il, montrez-moi!

Puis, comme leurs deux visages se reflétaient, l'un contre l'autre, dans l'eau si claire dont les plantes noires du fond faisaient une glace limpide, Jean souriait à cette tête voisine qui le regardait d'en bas, et parfois, du bout des doigts, lui jetait un baiser qui semblait tomber dessus.

— Ah! que vous êtes ennuyeux, disait la jeune femme; mon cher, il ne faut jamais faire deux choses à la fois.

Il répondit:

— Je n'en fais qu'une. Je vous aime.

Elle se redressa, et d'un ton sérieux:

— Voyons, qu'est-ce qui vous prend depuis dix minutes, avez-vous perdu la tête?*

— Non, je n'ai pas perdu la tête. Je vous aime, et j'ose, enfin, vous le dire.

Ils étaient debout maintenant dans la mare salée* qui les mouillait jusqu'aux mollets, et les mains ruisselantes appuyées sur leurs filets, ils se regardaient au fond des yeux.

Elle reprit, d'un ton plaisant et contrarié:*

— Que vous êtes malavisé de me parler de ça en ce moment. Ne pouviez-vous attendre un autre jour et ne pas me gâter ma pêche?

Il murmura:

— Pardon, mais je ne pouvais plus me taire. Je vous aime depuis longtemps. Aujourd'hui vous m'avez grisé à me faire perdre la raison.

Alors, tout à coup, elle sembla en prendre son parti, se résigner à parler d'affaires et à renoncer aux plaisirs.

— Asseyons-nous sur ce rocher, dit-elle, nous pourrons causer tranquillement.

Ils grimpèrent sur le roc un peu haut, et lorsqu'ils y furent installés côte à côte, les pieds pendants, en plein soleil, elle reprit :

— Mon cher ami, vous n'êtes plus un enfant et je ne suis pas une jeune fille. Nous savons fort bien l'un et l'autre de quoi il s'agit, et nous pouvons peser toutes les conséquences de nos actes. Si vous vous décidez aujourd'hui à me déclarer votre amour, je suppose naturellement que vous désirez m'épouser.

Il ne s'attendait guère à cet exposé net de la situation, et il répondit niaisement :*

— Mais oui.

— En avez-vous parlé à votre père et à votre mère ?

— Non, je voulais savoir si vous m'accepteriez.

Elle lui tendit sa main encore mouillée, et comme il y mettait la sienne avec élan :

— Moi, je veux bien,* dit-elle. Je vous crois bon et loyal. Mais n'oubliez point que je ne voudrais pas déplaire à vos parents.

— Oh! pensez-vous que ma mère n'a rien prévu et qu'elle vous aimerait comme elle vous aime si elle ne désirait pas un mariage entre nous?

— C'est vrai, je suis un peu troublée.

Ils se turent. Et il s'étonnait, lui, au contraire, qu'elle fût si peu troublée, si raisonnable. Il s'attendait à des gentillesses galantes,* à des refus qui disent oui, à toute une coquette comédie d'amour mêlée à la pêche, dans le clapotement de l'eau! Et c'était fini, il se sentait lié, marié, en vingt paroles. Ils n'avaient plus rien à se dire puisqu'ils étaient d'accord, et ils demeuraient maintenant un peu embarrassés tous deux de ce qui s'était passé, si vite, entre eux, un peu confus même, n'osant plus parler, n'osant plus pêcher, ne sachant que faire.

La voix de Roland les sauva :

— Par ici, par ici, les enfants. Venez voir Beausire. Il vide la mer, ce gaillard-là.

Le capitaine, en effet, faisait une pêche merveilleuse.* Mouillé jusqu'aux reins, il allait de mare en mare, reconnaissant d'un seul coup d'œil les meilleures places, et fouillant, d'un mouvement lent et sûr de son lanet, toutes les cavités cachées sous les varechs.

Et les belles salicoques transparentes, d'un blond gris, frétillaient au fond de sa main quand il les prenait d'un geste sec pour les jeter dans sa hotte.

Mme Rosémilly surprise, ravie, ne le quitta plus, l'imitant de son mieux, oubliant presque sa promesse et Jean qui suivait, rêveur, pour se donner tout entière à cette joie enfantine de ramasser des bêtes sous les herbes flottantes.

Roland s'écria tout à coup:

— Tiens, Mme Roland qui nous rejoint.

Elle était restée* d'abord seule avec Pierre sur la plage, car ils n'avaient envie ni l'un ni l'autre de s'amuser à courir dans les roches et à barboter dans les flaques; et pourtant ils hésitaient à demeurer ensemble. Elle avait peur de lui, et son fils avait peur d'elle et de lui-même, peur de sa cruauté qu'il ne maîtrisait point.

Ils s'assirent donc, l'un près de l'autre, sur le galet.

Et tous deux, sous la chaleur du soleil calmée par l'air marin, devant le vaste et doux horizon d'eau bleue moirée d'argent, pensaient en même temps:* « Comme il aurait fait bon ici, autrefois. »

Elle n'osait point parler à Pierre, sachant bien qu'il répondrait une dureté;* et il n'osait pas parler à sa mère sachant aussi que, malgré lui, il le ferait avec violence.

Du bout de sa canne il tourmentait les galets ronds, les remuait et les battait. Elle, les yeux vagues, avait pris entre ses doigts trois ou quatre petits cailloux qu'elle faisait passer d'une main dans l'autre, d'un geste lent et machinal. Puis son regard indécis, qui errait devant elle, aperçut, au milieu des varechs, son fils Jean qui pêchait avec Mme Rosémilly. Alors elle les suivit, épiant leurs mouvements, comprenant confusément, avec son instinct de mère, qu'ils ne causaient point comme tous les jours. Elle les vit se pencher côte à côte quand ils se regardaient dans l'eau,* demeurer debout face à face quand ils interrogeaient leurs cœurs, puis grimper et s'asseoir sur le rocher pour s'engager l'un envers l'autre.

Leurs silhouettes se détachaient bien nettes, semblaient seules au milieu de l'horizon, prenaient dans ce large espace de ciel, de mer, de falaises, quelque chose de grand et de symbolique.*

Pierre aussi les regardait, et un rire sec sortit brusquement de ses lèvres.

Sans se tourner vers lui, Mme Roland lui dit:

— Qu'est-ce que tu as donc?

Il ricanait toujours:

— Je m'instruis. J'apprends comment on se prépare à être cocu.*

Elle eut un sursaut de colère, de révolte, choquée du mot, exaspérée de ce qu'elle croyait comprendre.

— Pour qui dis-tu ça?*

— Pour Jean, parbleu! C'est très comique de les voir ainsi!

Elle murmura, d'une voix basse, tremblante d'émotion:

— Oh! Pierre, que tu es cruel! Cette femme est la droiture même. Ton frère ne pourrait trouver mieux.

Il se mit à rire tout à fait, d'un rire voulu et saccadé:

— Ah! ah! ah! La droiture même! Toutes les femmes sont la droiture même... et tous leurs maris sont cocus. Ah! ah! ah!

Sans répondre elle se leva, descendit vivement la pente de galets, et, au risque de glisser, de tomber dans les trous cachés sous les herbes, de se casser la jambe ou le bras, elle s'en alla, courant presque, marchant à travers les mares, sans voir, tout droit devant elle, vers son autre fils.

En la voyant approcher, Jean lui cria:

— Eh bien? maman, tu te décides?

Sans répondre elle lui saisit le bras comme pour lui dire: « Sauve-moi, défends-moi. »

Il vit son trouble et, très surpris:

— Comme tu es pâle! Qu'est-ce que tu as?

Elle balbutia:

— J'ai failli tomber, j'ai eu peur sur ces roches.

Alors Jean la guida, la soutint, lui expliquant la pêche pour qu'elle y prît intérêt. Mais comme elle ne l'écoutait guère, et comme il éprouvait un besoin violent de se confier à quelqu'un, il l'entraîna plus loin, à voix basse:

— Devine ce que j'ai fait?

— Mais... mais... je ne sais pas.

— Devine.

— Je ne... je ne sais pas.

— Eh bien, j'ai dit à Mme Rosémilly que je désirais l'épouser.

Elle ne répondit rien, ayant la tête bourdonnante, l'esprit en détresse au point de ne plus comprendre qu'à peine. Elle répéta:

— L'épouser?

— Oui, ai-je bien fait? Elle est charmante, n'est-ce pas?

— Oui... charmante... tu as bien fait.

— Alors tu m'approuves?

— Oui... je t'approuve.

— Comme tu dis ça drôlement. On croirait que... que... tu n'es pas contente.

— Mais oui... je suis... contente.

— Bien vrai?

— Bien vrai.

Et pour le lui prouver, elle le saisit à pleins bras et l'embrassa à plein visage, par grands baisers de mère.

Puis, quand elle se fut essuyé les yeux, où des larmes étaient venues, elle aperçut là-bas sur la plage un corps étendu sur le ventre, comme un cadavre, la figure dans le galet: c'était l'autre, Pierre, qui songeait, désespéré.

Alors elle emmena son petit Jean plus loin encore, tout près du flot, et ils parlèrent longtemps de ce mariage où se rattachait son cœur.*

La mer montant les chassa vers les pêcheurs qu'ils rejoignirent, puis tout le monde regagna la côte. On réveilla Pierre qui feignait de dormir; et le dîner fut très long, arrosé de beaucoup de vins.

VII

Dans le break, en revenant, tous les hommes, hormis Jean, sommeillèrent. Beausire et Roland s'abattaient, toutes les cinq minutes, sur une épaule voisine qui les repoussait d'une secousse. Ils se redressaient alors, cessaient de ronfler, ouvraient les yeux, murmuraient: « Bien beau temps, » et retombaient, presque aussitôt, de l'autre côté.

Lorsqu'on entra dans le Havre, leur engourdissement était si profond qu'ils eurent beaucoup de peine à le secouer, et Beausire refusa même de monter chez Jean où le thé les attendait. On dut le déposer devant sa porte.

Le jeune avocat, pour la première fois, allait coucher dans son logis nouveau; et une grande joie, un peu puérile, l'avait saisi tout à coup de montrer, justement ce soir-là, à sa fiancée, l'appartement qu'elle habiterait bientôt.

La bonne était partie, Mme Roland ayant déclaré qu'elle ferait chauffer l'eau et servirait elle-même, car elle n'aimait pas laisser veiller les domestiques, par crainte du feu.

Personne, autre qu'elle, son fils et les ouvriers, n'était encore entré, afin que la surprise fût complète quand on verrait combien c'était joli.

Dans* le vestibule Jean pria qu'on attendît. Il voulait allumer les bougies et les lampes, et il laissa dans l'obscurité Mme Rosémilly, son père et son frère, puis il cria: « Arrivez! » en ouvrant toute grande la porte à deux battants.

La galerie vitrée,* éclairée par un lustre et des verres de couleur cachés dans les palmiers, les caoutchoucs et les fleurs, apparaissait d'abord pareille à un décor de théâtre. Il y eut une seconde d'étonnement. Roland, émerveillé de ce luxe, murmura: « Nom d'un chien, » saisi par l'envie de battre des mains comme devant les apothéoses.

Puis on pénétra dans le premier salon, petit, tendu avec une étoffe vieil or, pareille à celle des sièges. Le grand salon de consultation très simple, d'un rouge saumon pâle, avait grand air.*

Jean s'assit dans le fauteuil devant son bureau chargé de livres, et d'une voix grave, un peu forcée:

— Oui, madame, les textes de loi sont formels et me donnent, avec l'assentiment* que je vous avais annoncé, l'absolue certitude qu'avant trois mois l'affaire dont nous nous sommes entretenus recevra une heureuse solution.

Il regardait Mme Rosémilly qui se mit à sourire en regardant Mme Roland; et Mme Roland, lui prenant la main, la serra.

Jean, radieux, fit une gambade de collégien et s'écria:

— Hein, comme la voix porte bien. Il serait excellent pour plaider, ce salon.

Il se mit à déclamer:

— Si l'humanité seule, si ce sentiment de bienveillance naturelle que nous éprouvons pour toute souffrance devait être le mobile de l'acquittement que nous sollicitons de vous, nous ferions appel à votre pitié, messieurs les jurés, à votre cœur de père et d'homme; mais nous avons pour nous le droit, et c'est la seule question du droit que nous allons soulever devant vous...

Pierre regardait ce logis qui aurait pu être le sien, et il s'irritait des gamineries de son frère, le jugeant, décidément, trop niais et pauvre d'esprit.

Mme Roland ouvrit une porte à droite.

— Voici la chambre à coucher, dit-elle.

Elle avait mis à la parer tout son amour de mère. La tenture était en cretonne de Rouen qui imitait la vieille toile normande.* Un dessin Louis XV — une bergère dans un médaillon que fermaient les becs unis de deux colombes — donnait aux murs, aux rideaux, au lit, aux fauteuils un air galant et champêtre tout à fait gentil.

— Oh! c'est charmant, dit Mme Rosémilly, devenue un peu sérieuse,* en entrant dans cette pièce.

— Cela vous plaît? demanda Jean.

— Énormément.

— Si vous saviez comme ça me fait plaisir.

Ils se regardèrent une seconde, avec beaucoup de tendresse confiante au fond des yeux.

Elle était gênée un peu cependant, un peu confuse dans cette chambre à coucher qui serait sa chambre nuptiale. Elle avait remarqué, en entrant, que la couche était très large, une vraie couche de ménage, choisie par Mme Roland qui avait prévu sans doute et désiré le prochain mariage de son fils; et cette précaution de mère lui faisait plaisir cependant, semblait lui dire qu'on l'attendait dans la famille.

Puis quand on fut rentré dans le salon, Jean ouvrit brusquement la porte de gauche et on aperçut la salle à manger ronde, percée de trois fenêtres, et décorée en lanterne japonaise. La mère et le fils avaient mis là toute la fantaisie dont ils étaient capables. Cette pièce à meubles de bambou, à magots, à potiches, à soieries pailletées d'or, à stores transparents où des perles de verre* semblaient des gouttes d'eau, à éventails cloués aux murs pour maintenir les étoffes, avec ses écrans,* ses sabres, ses masques, ses grues faites en plumes véritables, tous ses menus bibelots de porcelaine, de bois, de papier,* d'ivoire, de nacre et de bronze, avait l'aspect prétentieux et maniéré que donnent les mains inhabiles et les yeux ignorants aux choses qui exigent le plus de tact, de goût et d'éducation artiste. Ce fut celle cependant qu'on admira le plus. Pierre seul fit des réserves avec une ironie un peu amère dont son frère se sentit blessé.

Sur la table, les fruits se dressaient en pyramides, et les gâteaux s'élevaient en monuments.

On n'avait guère faim; on suça les fruits et on grignota les pâtisseries plutôt qu'on ne les mangea. Puis, au bout d'une heure, Mme Rosémilly demanda la permission de se retirer.

Il fut décidé que le père Roland l'accompagnerait à sa porte et partirait immédiatement avec elle, tandis que Mme Roland, en l'absence de la bonne, jetterait son coup d'œil de mère sur le logis afin que son fils ne manquât de rien.

— Faut-il revenir te chercher? demanda Roland.

Elle hésita, puis répondit:

— Non, mon gros, couche-toi. Pierre me ramènera.

Dès qu'ils furent partis, elle souffla les bougies, serra les gâteaux, le sucre et les liqueurs dans un meuble dont la clef fut remise à Jean; puis elle passa dans la chambre à coucher, entr'ouvrit le lit, regarda si la carafe était remplie d'eau fraîche et la fenêtre bien fermée.

Pierre et Jean étaient demeurés dans le petit salon, celui-ci encore froissé de la critique faite sur son goût, et celui-là de plus en plus agacé de voir son frère dans ce logis.

Ils fumaient assis tous les deux, sans se parler. Pierre tout à coup se leva :

— Cristi! dit-il, la veuve avait l'air bien vanné* ce soir, les excursions ne lui réussissent pas.

Jean se sentit soulevé soudain par une de ces promptes et furieuses colères de débonnaires blessés au cœur.

Le souffle lui manquait tant son émotion était vive, et il balbutia :

— Je te défends désormais de dire « la veuve » quand tu parleras de Mme Rosémilly.

Pierre se tourna vers lui, hautain :

— Je crois que tu me donnes des ordres. Deviens-tu fou, par hasard ?

Jean aussitôt s'était dressé :

— Je ne deviens pas fou, mais j'en ai assez de tes manières envers moi.

Pierre ricana :

— Envers toi ? Est-ce que tu fais partie de Mme Rosémilly ?

— Sache que Mme Rosémilly va devenir ma femme.

L'autre rit plus fort :

— Ah! ah! très bien. Je comprends maintenant pourquoi je ne devrai plus l'appeler « la veuve ». Mais tu as pris une drôle de manière pour m'annoncer ton mariage.

— Je te défends de plaisanter... tu entends... je te le défends.

Jean s'était approché, pâle, la voix tremblante, exaspéré de cette ironie poursuivant la femme qu'il aimait et qu'il avait choisie.

Mais Pierre soudain devint aussi furieux. Tout ce qui s'amassait en lui de colères impuissantes, de rancunes écrasées,* de révoltes domptées depuis quelque temps et de désespoir silencieux, lui montant à la tête, l'étourdit comme un coup de sang.

— Tu oses?... Tu oses?... Et moi je t'ordonne de te taire, tu entends, je te l'ordonne.

Jean, surpris de cette violence, se tut quelques secondes, cherchant, dans ce trouble d'esprit où nous jette la fureur, la chose, la phrase, le mot, qui pourrait blesser son frère jusqu'au cœur.

Il reprit, en s'efforçant de se maîtriser pour bien frapper, de ralentir sa parole pour la rendre plus aiguë:*

— Voilà longtemps que je te sais jaloux de moi, depuis le jour où tu as commencé à dire « la veuve » parce que tu as compris que cela me faisait mal.

Pierre poussa un de ces rires stridents et méprisants qui lui étaient familiers:

— Ah! ah! mon Dieu! Jaloux de toi!... moi?... moi?... moi?... et de quoi?... de quoi, mon Dieu?... de ta figure ou de ton esprit?...

Mais Jean sentit bien qu'il avait touché la plaie de cette âme.*

— Oui, tu es jaloux de moi, et jaloux depuis l'enfance; et tu es devenu furieux quand tu as vu que cette femme me préférait et qu'elle ne voulait pas de toi.

Pierre bégayait, exaspéré de cette supposition:

— Moi... moi... jaloux de toi? à cause de cette cruche, de cette dinde, de cette oie grasse?...*

Jean qui voyait porter ses coups reprit:

— Et le jour où tu as essayé de ramer plus fort que moi, dans la *Perle*? Et tout ce que tu dis devant elle pour te faire valoir? Mais tu crèves de jalousie! Et quand cette fortune m'est arrivée, tu es devenu enragé, et tu m'as détesté, et tu l'as montré de toutes les manières, et tu as fait souffrir tout le monde, et tu n'es pas une heure sans cracher la bile qui t'étouffe.

Pierre ferma ses poings de fureur avec une envie irrésistible de sauter sur son frère et de le prendre à la gorge:

— Ah! tais-toi, cette fois, ne parle point de cette fortune.

Jean s'écria:

— Mais la jalousie te suinte de la peau. Tu ne dis pas un mot à mon père, à ma mère ou à moi, où elle n'éclate. Tu feins de me mépriser parce que tu es jaloux! tu cherches querelle à tout le monde parce que tu es jaloux. Et maintenant que je suis riche, tu ne te contiens plus, tu es devenu venimeux, tu tortures notre mère comme si c'était sa faute!...

Pierre avait reculé jusqu'à la cheminée, la bouche entr'ouverte, l'œil dilaté, en proie à une de ces folies de rage qui font commettre des crimes.

Il répéta d'une voix plus basse, mais haletante:

— Tais-toi, tais-toi donc!

— Non. Voilà longtemps que je voulais te dire ma pensée entière;

tu m'en donnes l'occasion, tant pis pour toi. J'aime une femme! Tu le sais et tu la railles devant moi, tu me pousses à bout; tant pis pour toi. Mais je casserai tes dents de vipère, moi! Je te forcerai à me respecter.

— Te respecter, toi?

— Oui, moi!

— Te respecter... toi... qui nous as tous déshonorés, par ta cupidité!

— Tu dis? Répète... répète?...

— Je dis qu'on n'accepte pas la fortune d'un homme quand on passe pour le fils d'un autre.

Jean demeurait immobile, ne comprenant pas,* effaré devant l'insinuation qu'il pressentait:

— Comment? Tu dis... répète encore?

— Je dis ce que tout le monde chuchote, ce que tout le monde colporte, que tu es le fils de l'homme qui t'a laissé sa fortune. Eh bien! un garçon propre n'accepte pas l'argent qui déshonore sa mère.

— Pierre... Pierre... Pierre... y songes-tu?*... Toi... c'est toi... toi... qui prononces cette infamie?

— Oui... moi... c'est moi. Tu ne vois donc point que j'en crève de chagrin depuis un mois, que je passe mes nuits sans dormir et mes jours à me cacher comme une bête, que je ne sais plus ce que je dis ni ce que je fais, ni ce que je deviendrai tant je souffre, tant je suis affolé de honte et de douleur, car j'ai deviné d'abord et je sais* maintenant.

— Pierre... Tais-toi... Maman est dans la chambre à côté! Songe qu'elle peut nous entendre... qu'elle nous entend...

Mais il fallait qu'il vidât son cœur! et il dit tout, ses soupçons, ses raisonnements, ses luttes, sa certitude, et l'histoire du portrait encore une fois disparu.

Il parlait par phrases courtes, hachées, presque sans suite, des phrases d'halluciné.

Il semblait maintenant avoir oublié Jean et sa mère dans la pièce voisine. Il parlait comme si personne ne l'écoutait, parce qu'il devait parler, parce qu'il avait trop souffert, trop comprimé* et refermé sa plaie. Elle avait grossi comme une tumeur, et cette tumeur venait de crever, éclaboussant tout le monde. Il s'était mis à marcher comme il faisait presque toujours; et les yeux fixes devant lui, gesticulant, dans une frénésie de désespoir, avec des sanglots dans la gorge, des retours de haine contre lui-même, il parlait comme s'il eût confessé sa misère et

la misère des siens, comme s'il eût jeté sa peine à l'air invisible et sourd
où s'envolaient ses paroles.*

Jean éperdu, et presque convaincu soudain par l'énergie aveugle de
son frère, s'était adossé contre la porte derrière laquelle il devinait que
leur mère les avait entendus.

Elle ne pouvait point sortir; il fallait passer par le salon. Elle n'était
point revenue; donc elle n'avait pas osé.

Pierre tout à coup, frappant du pied, cria:

— Tiens, je suis un cochon d'avoir dit ça!*

Et il s'enfuit, nu-tête, dans l'escalier.

Le bruit de la grande porte de la rue, retombant avec fracas, réveilla
Jean de la torpeur profonde où il était tombé. Quelques secondes
s'étaient écoulées, plus longues que des heures, et son âme s'était
engourdie dans un hébétement d'idiot. Il sentait bien qu'il lui faudrait
penser tout à l'heure, et agir, mais il attendait, ne voulant même plus
comprendre, savoir, se rappeler, par peur, par faiblesse, par lâcheté. Il
était de la race des temporiseurs qui remettent toujours au lendemain;
et quand il lui fallait, sur-le-champ, prendre une résolution, il cherchait
encore, par instinct, à gagner quelques moments.

Mais le silence profond qui l'entourait maintenant, après les voci-
férations de Pierre, ce silence subit des murs, des meubles, avec cette
lumière vive des six bougies et des deux lampes, l'effraya si fort tout à
coup qu'il eut envie de se sauver aussi.

Alors il secoua sa pensée, il secoua son cœur,* et il essaya de réfléchir.

Jamais il n'avait rencontré une difficulté dans sa vie. Il est des
hommes qui se laissent aller comme l'eau qui coule. Il avait fait ses
classes avec soin, pour n'être pas puni, et terminé ses études de droit
avec régularité parce que son existence était calme. Toutes les choses
du monde lui paraissaient naturelles sans éveiller autrement son attention. Il aimait l'ordre, la sagesse, le repos par tempérament, n'ayant
point de replis dans l'esprit; et il demeurait, devant cette catastrophe,
comme un homme qui tombe à l'eau sans avoir jamais nagé.

Il essaya de douter d'abord. Son frère avait menti par haine et par
jalousie?

Et pourtant, comment aurait-il été assez misérable pour dire de leur
mère une chose pareille s'il n'avait pas été lui-même égaré par le
désespoir? Et puis Jean gardait dans l'oreille, dans le regard, dans les
nerfs, jusque dans le fond de la chair, certaines paroles, certains cris

de souffrance, des intonations et des gestes de Pierre, si douloureux qu'ils étaient irrésistibles, aussi irrécusables que la certitude.

Il demeurait trop écrasé pour faire un mouvement ou pour avoir une volonté. Sa détresse devenait intolérable ; et il sentait que, derrière la porte, sa mère était là qui avait tout entendu et qui attendait.

Que faisait-elle ? Pas un mouvement, pas un frisson, pas un souffle, pas un soupir ne révélait la présence d'un être derrière cette planche. Se serait-elle sauvée ? Mais par où ? Si elle s'était sauvée... elle avait donc sauté de la fenêtre dans la rue !

Un sursaut de frayeur le souleva, si prompt et si dominateur qu'il enfonça plutôt qu'il n'ouvrit la porte et se jeta dans sa chambre.

Elle semblait vide. Une seule bougie l'éclairait, posée sur la commode.

Jean s'élança vers la fenêtre, elle était fermée, avec les volets clos. Il se retourna, fouillant les coins noirs de son regard anxieux, et il s'aperçut que les rideaux du lit avaient été tirés. Il y courut et les ouvrit. Sa mère était étendue sur sa couche, la figure enfouie dans l'oreiller qu'elle avait ramené de ses deux mains crispées sur sa tête, pour ne plus entendre.

Il la crut d'abord étouffée. Puis, l'ayant saisie par les épaules, il la retourna sans qu'elle lâchât l'oreiller qui lui cachait le visage et qu'elle mordait pour ne pas crier.

Mais le contact de ce corps raidi, de ces bras crispés, lui communiqua la secousse de son indicible torture. L'énergie et la force dont elle retenait avec ses doigts et avec ses dents la toile gonflée de plumes sur sa bouche, sur ses yeux et sur ses oreilles pour qu'il ne la vît point et ne lui parlât pas, lui fit deviner, par la commotion qu'il reçut, jusqu'à quel point on peut souffrir. Et son cœur, son simple cœur, fut déchiré de pitié. Il n'était pas un juge, lui, même un juge miséricordieux, il était un homme plein de faiblesse et un fils plein de tendresse.* Il ne se rappela rien de ce que l'autre lui avait dit, il ne raisonna pas et ne discuta point, il toucha seulement de ses deux mains le corps inerte de sa mère, et ne pouvant arracher l'oreiller de sa figure, il cria, en baisant sa robe :*

— Maman, maman, ma pauvre maman, regarde-moi !

Elle aurait semblé morte si tous ses membres n'eussent été parcourus d'un frémissement presque insensible, d'une vibration de corde tendue. Il répétait :

— Maman, maman, écoute-moi. Ça n'est pas vrai. Je sais bien que ça n'est pas vrai.

Elle eut un spasme, une suffocation, puis tout à coup elle sanglota dans l'oreiller. Alors tous ses nerfs se détendirent, ses muscles raidis s'amollirent, ses doigts s'entr'ouvrant lâchèrent la toile; et il lui découvrit la face.

Elle était toute pâle, toute blanche, et de ses paupières fermées on voyait couler des gouttes d'eau.* L'ayant enlacée par le cou, il lui baisa les yeux, lentement, par grands baisers désolés qui se mouillaient à ses larmes, et il disait toujours:

— Maman, ma chère maman, je sais bien que ça n'est pas vrai. Ne pleure pas, je le sais! Ça n'est pas vrai!

Elle se souleva, s'assit, le regarda, et avec un de ces efforts de courage qu'il faut, en certains cas, pour se tuer, elle lui dit:

— Non, c'est vrai, mon enfant.

Et ils restèrent sans paroles, l'un devant l'autre. Pendant quelques instants encore elle suffoqua, tendant la gorge en renversant la tête pour respirer, puis elle se vainquit de nouveau et reprit:

— C'est vrai, mon enfant. Pourquoi mentir? C'est vrai. Tu ne me croirais pas, si je mentais.

Elle avait l'air d'une folle. Saisi de terreur, il tomba à genoux près du lit en murmurant:

— Tais-toi, maman, tais-toi.

Elle s'était levée, avec une résolution et une énergie effrayantes.

— Mais je n'ai plus rien à te dire, mon enfant, adieu.*

Et elle marcha vers la porte.

Il la saisit à pleins bras, criant:

— Qu'est-ce que tu fais, maman, où vas-tu?

— Je ne sais pas... est-ce que je sais... je n'ai plus rien à faire... puisque je suis toute seule.

Elle se débattait pour s'échapper. La retenant, il ne trouvait qu'un mot à lui répéter:

— Maman... maman... maman...

Et elle disait dans ses efforts pour rompre cette étreinte:

— Mais non, mais non, je ne suis plus ta mère* maintenant, je ne suis plus rien pour toi, pour personne, plus rien, plus rien! Tu n'as plus ni père ni mère, mon pauvre enfant... adieu.

Il comprit brusquement que s'il la laissait partir il ne la reverrait jamais, et, l'enlevant, il la porta sur un fauteuil, l'assit de force, puis s'agenouillant et formant une chaîne de ses bras:

— Tu ne sortiras point d'ici, maman; moi je t'aime, et je te garde. Je te garde toujours, tu es à moi.

Elle murmura d'une voix accablée:

— Non, mon pauvre garçon, ça n'est plus possible. Ce soir tu pleures, et demain tu me jetterais dehors. Tu ne me pardonnerais pas non plus.*

Il répondit avec un si grand élan de si sincère amour: « Oh! moi? moi? Comme tu me connais peu! » qu'elle poussa un cri, lui prit la tête par les cheveux, à pleines mains,* l'attira avec violence et le baisa éperdument à travers la figure.

Puis elle demeura immobile, la joue contre la joue de son fils, sentant, à travers sa barbe, la chaleur de sa chair; et elle lui dit, tout bas, dans l'oreille:

— Non, mon petit Jean. Tu ne me pardonnerais pas demain. Tu le crois et tu te trompes. Tu m'as pardonné ce soir, et ce pardon-là m'a sauvé la vie; mais il ne faut plus que tu me voies.

Il répéta, en l'étreignant:

— Maman, ne dis pas ça!

— Si, mon petit, il faut que je m'en aille. Je ne sais pas où, ni comment je m'y prendrai, ni ce que je dirai, mais il le faut. Je n'oserais plus te regarder, ni t'embrasser, comprends-tu?

Alors, à son tour, il lui dit, tout bas, dans l'oreille:

— Ma petite mère, tu resteras, parce que je le veux, parce que j'ai besoin de toi. Et tu vas me jurer de m'obéir, tout de suite.

— Non, mon enfant.

— Oh! maman, il le faut, tu entends. Il le faut.

— Non, mon enfant, c'est impossible. Ce serait nous condamner tous à l'enfer. Je sais ce que c'est, moi, que ce supplice-là, depuis un mois. Tu es attendri, mais quand ce sera passé, quand tu me regarderas comme me regarde Pierre, quand tu te rappelleras ce que je t'ai dit!... Oh!... mon petit Jean, songe... songe que je suis ta mère!...

— Je ne veux pas que tu me quittes, maman. Je n'ai que toi.

— Mais pense, mon fils, que nous ne pourrons plus nous voir sans rougir tous les deux, sans que je me sente mourir de honte et sans que tes yeux fassent baisser les miens.

— Ça n'est pas vrai, maman.

— Oui, oui, oui, c'est vrai! Oh! j'ai compris, va, toutes les luttes de ton pauvre frère, toutes, depuis le premier jour. Maintenant, lorsque je devine son pas dans la maison, mon cœur saute à briser ma poitrine, lorsque j'entends sa voix, je sens que je vais m'évanouir. Je t'avais encore, toi! Maintenant, je ne t'ai plus. Oh! mon petit Jean, crois-tu que je pourrais vivre entre vous deux?

— Oui, maman. Je t'aimerai tant que tu n'y penseras plus.

— Oh! oh! comme si c'était possible!

— Oui, c'est possible.

— Comment veux-tu que je n'y pense plus entre ton frère et toi? Est-ce que vous n'y penserez plus, vous?

— Moi. Je te le jure!

— Mais tu y penseras à toutes les heures du jour.

— Non, je te le jure. Et puis, écoute: si tu pars, je m'engage et je me fais tuer.

Elle fut bouleversée par cette menace puérile et étreignit Jean en le caressant avec une tendresse passionnée. Il reprit:

— Je t'aime plus que tu ne crois, va, bien plus, bien plus. Voyons, sois raisonnable. Essaye de rester seulement huit jours. Veux-tu me promettre huit jours? Tu ne peux pas me refuser ça?

Elle posa ses deux mains sur les épaules de Jean, et le tenant à la longueur de ses bras:

— Mon enfant... tâchons d'être calmes et de ne pas nous attendrir. Laisse-moi te parler d'abord. Si je devais une seule fois entendre sur tes lèvres ce que j'entends depuis un mois dans la bouche de ton frère, si je devais une seule fois voir dans tes yeux ce que je lis dans les siens, si je devais deviner rien que par un mot ou par un regard que je te suis odieuse comme à lui... une heure après, tu entends, une heure après... je serais partie pour toujours.*

— Maman, je te jure...

— Laisse-moi parler... Depuis un mois j'ai souffert tout ce qu'une créature peut souffrir. A partir du moment où j'ai compris que ton frère, que mon autre fils me soupçonnait, et qu'il devinait, minute par minute, la vérité, tous les instants de ma vie ont été un martyre qu'il est impossible de t'exprimer.

Elle avait une voix si douloureuse que la contagion de sa torture emplit de larmes les yeux de Jean.

Il voulut l'embrasser, mais elle le repoussa.

— Laisse-moi... écoute... j'ai encore tant de choses à te dire pour que tu comprennes... mais tu ne comprendras pas... c'est que... si je devais rester... il faudrait... Non, je ne peux pas!...

— Dis, maman, dis.

— Eh bien! oui. Au moins je ne t'aurai pas trompé... Tu veux que je reste avec toi, n'est-ce pas? Pour cela, pour que nous puissions nous voir encore, nous parler, nous rencontrer toute la journée dans la maison, car je n'ose plus ouvrir une porte dans la peur de trouver ton frère derrière elle, pour cela il faut, non pas que tu me pardonnes, — rien ne fait plus de mal* qu'un pardon, — mais que tu ne m'en veuilles pas de ce que j'ai fait... Il faut que tu te sentes assez fort, assez différent de tout le monde pour te dire que tu n'es pas le fils de Roland, sans rougir de cela et sans me mépriser!... Moi j'ai assez souffert... j'ai trop souffert, je ne peux plus, non, je ne peux plus! Et ce n'est pas d'hier*, va, c'est de longtemps... Mais tu ne pourras jamais comprendre ça, toi! Pour que nous puissions encore vivre ensemble, et nous embrasser, mon petit Jean, dis-toi bien que si j'ai été la maîtresse de ton père, j'ai été encore plus sa femme, sa vraie femme, que je n'en ai pas honte au fond du cœur, que je ne regrette rien, que je l'aime encore tout mort qu'il est, que je l'aimerai toujours, que je n'ai aimé que lui, qu'il a été toute ma vie, toute ma joie, tout mon espoir, toute ma consolation, tout, tout, tout pour moi, pendant si longtemps! Écoute, mon petit, devant Dieu qui m'entend, je n'aurais jamais rien eu de bon dans l'existence, si je ne l'avais pas rencontré, jamais rien, pas une tendresse, pas une douceur, pas une de ces heures qui nous font tant regretter de vieillir, rien! Je lui dois tout! Je n'ai eu que lui au monde, et puis vous deux, ton frère et toi. Sans vous ce serait vide, noir et vide comme la nuit. Je n'aurais jamais aimé rien, rien connu, rien désiré, je n'aurais pas seulement pleuré, car j'ai pleuré,* mon petit Jean. Oh! oui, j'ai pleuré, depuis que nous sommes venus ici. Je m'étais donnée à lui tout entière, corps et âme, pour toujours, avec bonheur, et pendant plus de dix ans j'ai été sa femme comme il a été mon mari devant Dieu qui nous avait faits l'un pour l'autre. Et puis, j'ai compris qu'il m'aimait moins. Il était toujours bon et prévenant, mais je n'étais plus pour lui ce que j'avais été. C'était fini! Oh! que j'ai pleuré!... Comme c'est misérable et trompeur, la vie!... Il n'y a rien qui dure... Et nous sommes arrivés ici; et jamais je ne l'ai plus revu, jamais il n'est venu... Il promettait dans toutes ses lettres!... Je l'attendais toujours!... et je ne l'ai plus revu!... et voilà qu'il est mort!... Mais il nous aimait encore puisqu'il a pensé à toi. Moi je l'aimerai jusqu'à mon dernier soupir, et je ne le renierai jamais, et je t'aime parce que tu es son enfant, et je ne pourrais pas avoir honte de lui devant toi! Comprends-tu? je ne pourrais pas! Si tu veux que je reste, il faut que tu acceptes d'être son fils et que nous parlions de lui quelquefois, et que tu l'aimes un peu, et que nous pensions à lui quand nous nous regarderons. Si tu ne veux pas, si tu ne peux pas, adieu, mon petit, il est impossible que nous restions ensemble maintenant! Je ferai ce que tu décideras.

Jean répondit d'une voix douce:

— Reste, maman.

Elle le serra dans ses bras et se remit à pleurer; puis elle reprit, la joue contre sa joue:

— Oui, mais Pierre? Qu'allons-nous devenir avec lui!

Jean murmura:

— Nous trouverons quelque chose. Tu ne peux plus vivre auprès de lui.

Au souvenir de l'aîné elle fut crispée d'angoisse.

— Non, je ne puis plus, non! non!

Et se jetant sur le cœur de Jean, elle s'écria, l'âme en détresse:

— Sauve-moi de lui, toi, mon petit, sauve-moi, fais quelque chose, je ne sais pas... trouve... sauve-moi!

— Oui, maman, je chercherai.

— Tout de suite... il faut... Tout de suite... ne me quitte pas! J'ai si peur de lui... si peur!

— Oui, je trouverai. Je te promets.

— Oh! mais vite, vite! Tu ne comprends pas ce qui se passe en moi quand je le vois.

Puis elle lui murmura tout bas, dans l'oreille:

— Garde-moi ici, chez toi.

Il hésita, réfléchit et comprit, avec son bon sens positif, le danger de cette combinaison.

Mais il dut raisonner longtemps, discuter, combattre avec des arguments précis son affolement et sa terreur.

— Seulement ce soir, disait-elle, seulement cette nuit. Tu feras dire demain à Roland que je me suis trouvée malade.

— Ce n'est pas possible, puisque Pierre est rentré. Voyons, aie du courage. J'arrangerai tout, je te le promets, dès demain. Je serai à

neuf heures à la maison. Voyons, mets ton chapeau. Je vais te recon-
duire.

— Je ferai ce que tu voudras, dit-elle avec un abandon enfantin,
craintif et reconnaissant.

Elle essaya de se lever; mais la secousse avait été trop forte; elle ne
pouvait encore se tenir sur ses jambes.

Alors il lui fit boire de l'eau sucrée, respirer de l'alcali,* et il lui lava
les tempes avec du vinaigre. Elle se laissait faire, brisée et soulagée
comme après un accouchement.

Elle put enfin marcher et prit son bras. Trois heures sonnaient
quand ils passèrent à l'hôtel de ville.

Devant la porte de leur logis il l'embrassa et lui dit: « Adieu,
maman, bon courage. »

Elle monta, à pas furtifs, l'escalier silencieux, entra dans sa chambre,
se dévêtit bien vite, et se glissa, avec l'émotion retrouvée des adultères
anciens,* auprès de Roland qui ronflait.

Seul dans la maison, Pierre ne dormait pas et l'avait **entendue
revenir.**

VIII

Quand il fut rentré dans son appartement, Jean s'affaissa sur un divan, car les chagrins et les soucis qui donnaient à son frère des envies de courir et de fuir comme une bête chassée, agissant diversement sur sa nature somnolente, lui cassaient les jambes et les bras.* Il se sentait mou à ne plus faire un mouvement, à ne pouvoir gagner son lit, mou de corps et d'esprit, écrasé et désolé. Il n'était point frappé, comme l'avait été Pierre, dans la pureté de son amour filial, dans cette dignité secrète qui est l'enveloppe des cœurs fiers, mais accablé par un coup du destin qui menaçait en même temps ses intérêts les plus chers.

Quand son âme enfin se fut calmée, quand sa pensée se fut éclaircie ainsi qu'une eau battue et remuée, il envisagea la situation qu'on venait de lui révéler. S'il eût appris* de toute autre manière le secret de sa naissance, il se serait assurément indigné et aurait ressenti un profond chagrin; mais après sa querelle avec son frère, après cette délation violente et brutale ébranlant ses nerfs, l'émotion poignante de la confession de sa mère le laissa sans énergie pour se révolter. Le choc reçu par sa sensibilité avait été assez fort pour emporter, dans un irrésistible attendrissement, tous les préjugés et toutes les saintes susceptibilités de la morale naturelle.* D'ailleurs, il n'était pas un homme de résistance. Il n'aimait lutter contre personne et encore moins contre lui-même; il se résigna donc, et par un penchant instinctif, par un amour inné du repos, de la vie douce et tranquille, il s'inquiéta aussitôt des perturbations qui allaient surgir autour de lui et l'atteindre du même coup. Il les pressentait inévitables, et, pour les écarter, il se décida à des efforts surhumains d'énergie et d'activité. Il fallait que tout de suite, dès le lendemain, la difficulté fût tranchée, car il avait aussi par instants ce besoin impérieux des solutions immédiates qui constitue toute la force des faibles, incapables de vouloir longtemps. Son esprit d'avocat, habitué d'ailleurs à démêler et à étudier les situations compliquées, les questions d'ordre intime, dans les familles troublées, découvrit immédiatement toutes les conséquences prochaines de l'état d'âme de son frère. Malgré lui il en envisageait les suites à un point de vue presque professionnel, comme s'il eût réglé les relations futures de clients après une catastrophe d'ordre moral.* Certes un contact continuel avec Pierre lui devenait impossible. Il l'éviterait facilement en restant chez lui, mais il était encore inadmissible que leur mère continuât à demeurer sous le même toit que son fils aîné.

Et longtemps il médita, immobile sur les coussins, imaginant et rejetant des combinaisons sans trouver rien qui pût le satisfaire.*

Mais une idée soudaine l'assaillit: — Cette fortune qu'il avait reçue, un honnête homme la garderait-il?

Il se répondit: « Non, » d'abord, et se décida à la donner aux pauvres. C'était dur, tant pis. Il vendrait son mobilier et travaillerait comme un autre, comme travaillent tous ceux qui débutent. Cette résolution virile et douloureuse fouettant son courage, il se leva et vint poser son front contre les vitres. Il avait été pauvre, il redeviendrait pauvre. Il n'en mourrait pas, après tout. Ses yeux regardaient le bec de gaz qui brûlait en face de lui de l'autre côté de la rue. Or, comme une femme attardée passait sur le trottoir, il songea brusquement à Mme Rosémilly, et il reçut au cœur la secousse des émotions profondes nées en nous d'une pensée cruelle.* Toutes les conséquences désespérantes de sa décision lui apparurent en même temps. Il devrait renoncer à épouser cette femme, renoncer au bonheur, renoncer à tout. Pouvait-il agir ainsi, maintenant qu'il s'était engagé vis-à-vis d'elle? Elle l'avait accepté le sachant riche. Pauvre, elle l'accepterait encore; mais avait-il le droit de lui demander, de lui imposer ce sacrifice? Ne valait-il pas mieux garder cet argent comme un dépôt qu'il restituerait plus tard aux indigents?*

Et dans son âme où l'égoisme prenait des masques honnêtes, tous les intérêts déguisés luttaient et se combattaient. Les scrupules premiers cédaient la place aux raisonnements ingénieux, puis reparaissaient, puis s'effaçaient de nouveau.

Il revint s'asseoir, cherchant un motif décisif, un prétexte toutpuissant pour fixer ses hésitations et convaincre sa droiture native.* Vingt fois déjà il s'était posé cette question: « Puisque je suis le fils de cet homme, que je le sais et que je l'accepte, n'est-il pas naturel que j'accepte aussi son héritage? » Mais cet argument ne pouvait empêcher le « non » murmuré par la conscience intime.

Soudain il songea: « Puisque je ne suis pas le fils de celui que j'avais cru être mon père, je ne puis plus rien accepter de lui, ni de son vivant, ni après sa mort. Ce ne serait ni digne ni équitable. Ce serait voler mon frère. »

Cette nouvelle manière de voir l'ayant soulagé, ayant apaisé sa conscience, il retourna vers la fenêtre.

« Oui, se disait-il, il faut que je renonce à l'héritage de ma famille, que je le laisse à Pierre tout entier, puisque je ne suis pas l'enfant de son père. Cela est juste. Alors n'est-il pas juste aussi que je garde l'argent de mon père à moi? »

Ayant reconnu qu'il ne pouvait profiter de la fortune de Roland, s'étant décidé à l'abandonner intégralement, il consentit donc et se résigna* à garder celle de Maréchal, car en repoussant l'une et l'autre il se trouverait réduit à la pure mendicité.

Cette affaire délicate une fois réglée, il revint à la question de la présence de Pierre dans la famille. Comment l'écarter? Il désespérait de découvrir une solution pratique, quand le sifflet d'un vapeur entrant au port sembla lui jeter une réponse en lui suggérant une idée.

Alors il s'étendit tout habillé sur son lit et rêvassa jusqu'au jour.

Vers neuf heures il sortit pour s'assurer si l'exécution de son projet était possible. Puis, après quelques démarches et quelques visites, il se rendit à la maison de ses parents. Sa mère l'attendait enfermée dans sa chambre.

— Si tu n'étais pas venu, dit-elle, je n'aurais jamais osé descendre.

On entendit aussitôt Roland qui criait dans l'escalier:

— On ne mange donc point aujourd'hui, nom d'un chien!

On ne répondit pas, et il hurla:

— Joséphine, nom de Dieu! qu'est-ce que vous faites?

La voix de la bonne sortit des profondeurs du sous-sol:

— V'là, m'sieu, qué qui faut?*

— Où est madame?

— Madame est en haut avec m'sieu Jean!

Alors il vociféra en levant la tête vers l'étage supérieur:

— Louise?

Mme Roland entr'ouvrit la porte et répondit:

— Quoi? mon ami.

— On ne mange donc pas, nom d'un chien!

— Voilà, mon ami, nous venons.

Et elle descendit, suivie de Jean.

Roland s'écria en apercevant le jeune homme:

— Tiens, te voilà, toi! Tu t'embêtes déjà dans ton logis.

— Non, père, mais j'avais à causer avec maman ce matin.

Jean s'avança, la main ouverte, et quand il sentit se refermer sur ses doigts l'étreinte paternelle du vieillard, une émotion bizarre et imprévue le crispa, l'émotion des séparations et des adieux sans espoir de retour.

Mme Roland demanda:

— Pierre n'est pas arrivé?

Son mari haussa les épaules:

— Non, mais tant pis, il est toujours en retard. Commençons sans lui.

Elle se tourna vers Jean:

— Tu devrais aller le chercher, mon enfant; ça le blesse quand on ne l'attend pas.

— Oui, maman, j'y vais.

Et le jeune homme sortit.

Il monta l'escalier, avec la résolution fiévreuse d'un craintif qui va se battre.

Quand il eut heurté la porte, Pierre répondit:

— Entrez.

Il entra.

L'autre écrivait, penché sur sa table.

— Bonjour, dit Jean.

Pierre se leva.

— Bonjour.

Et ils se tendirent la main comme si rien ne s'était passé.

— Tu ne descends pas déjeuner?

— Mais... c'est que... j'ai beaucoup à travailler.

La voix de l'aîné tremblait, et son œil anxieux demandait au cadet ce qu'il allait faire.

— On t'attend.

— Ah! est-ce que... est-ce que notre mère est en bas?...

— Oui, c'est même elle qui m'a envoyé te chercher.

— Ah! alors... je descends.

Devant la porte de la salle il hésita à se montrer le premier; puis il l'ouvrit d'un geste saccadé, et il aperçut son père et sa mère assis à table, face à face.

Il s'approcha d'elle d'abord sans lever les yeux, sans prononcer un mot, et s'étant penché il lui tendit son front à baiser comme il faisait depuis quelque temps, au lieu de l'embrasser sur les joues comme jadis. Il devina qu'elle approchait sa bouche, mais il ne sentit point les lèvres sur sa peau, et il se redressa, le cœur battant, après ce simulacre de caresse.

Il se demandait: « Que se sont-ils dit, après mon départ? »

Jean répétait avec tendresse « mère » et « chère maman », prenait soin d'elle, la servait et lui versait à boire. Pierre alors comprit qu'ils avaient pleuré ensemble, mais il ne put pénétrer leur pensée! Jean croyait-il sa mère coupable ou son frère un misérable?

Et tous les reproches qu'il s'était faits d'avoir dit l'horrible chose l'assaillirent de nouveau, lui serrant la gorge et lui fermant la bouche, l'empêchant de manger et de parler.

Il était envahi maintenant par un besoin de fuir intolérable, de quitter cette maison qui n'était plus sienne, ces gens qui ne tenaient plus à lui que par d'imperceptibles liens. Et il aurait voulu partir sur l'heure, n'importe où, sentant que c'était fini, qu'il ne pouvait plus rester près d'eux, qu'il les torturerait toujours malgré lui, rien que par sa présence, et qu'ils lui feraient souffrir sans cesse un insoutenable supplice.

Jean parlait, causait avec Roland. Pierre, n'écoutant pas, n'entendait point. Il crut sentir cependant une intention dans la voix de son frère et prit garde au sens des paroles.

Jean disait:

— Ce sera, paraît-il, le plus beau bâtiment de leur flotte. On parle de six mille cinq cents tonneaux. Il fera son premier voyage le mois prochain.

Roland s'étonnait:

— Déjà! Je croyais qu'il ne serait pas en état de prendre la mer cet été.

— Pardon; on a poussé les travaux avec ardeur pour que la première traversée ait lieu avant l'automne. J'ai passé ce matin aux bureaux de la Compagnie et j'ai causé avec un des administrateurs.

— Ah! ah! lequel?

— M. Marchand, l'ami particulier du président du conseil d'administration.

— Tiens, tu le connais?

— Oui. Et puis j'avais un petit service à lui demander.

— Ah! alors tu me feras visiter en grand détail la *Lorraine* dès qu'elle entrera dans le port, n'est-ce pas?

— Certainement, c'est très facile!

Jean paraissait hésiter, chercher ses phrases, poursuivre une introuvable transition. Il reprit:

— En somme, c'est une vie très acceptable qu'on mène sur ces grands transatlantiques. On passe plus de la moitié des mois à terre dans deux villes superbes, New-York et le Havre, et le reste en mer avec des gens charmants. On peut même faire là des connaissances très agréables et très utiles pour plus tard, oui, très utiles, parmi les passagers. Songe que le capitaine, avec les économies sur le charbon, peut arriver à vingt-cinq mille francs par an, sinon plus...

Roland fit un « bigre! » suivi d'un sifflement, qui témoignaient d'un profond respect pour la somme et pour le capitaine.

Jean reprit:

— Le commissaire de bord peut atteindre dix mille, et le médecin a cinq mille de traitement fixe, avec logement, nourriture, éclairage, chauffage, service, etc., etc. Ce qui équivaut à dix mille au moins, c'est très beau.

Pierre, qui avait levé les yeux, rencontra ceux de son frère, et le comprit.

Alors, après une hésitation, il demanda:

— Est-ce très difficile à obtenir, les places de médecin sur un transatlantique?

— Oui et non. Tout dépend des circonstances et des protections.

Il y eut un long silence, puis le docteur reprit:

— C'est le mois prochain que part la *Lorraine*?

— Oui, le sept.

Et ils se turent.

Pierre songeait. Certes ce serait une solution s'il pouvait s'embarquer comme médecin sur ce paquebot. Plus tard on verrait; il le quitterait peut-être. En attendant il y gagnerait sa vie sans demander rien à sa famille. Il avait dû, l'avant-veille, vendre sa montre, car maintenant il ne tendait plus la main devant sa mère! Il n'avait donc aucune ressource, hors celle-là, aucun moyen de manger d'autre pain que le pain de la maison inhabitable, de dormir dans un autre lit, sous un autre toit. Il dit alors, en hésitant un peu:

— Si je pouvais, je partirais volontiers là-dessus, moi.

Jean demanda:

— Pourquoi ne pourrais-tu pas?

— Parce que je ne connais personne à la Compagnie transatlantique.

Roland demeurait stupéfait:

— Et tous tes beaux projets de réussite, que deviennent-ils?

Pierre murmura:

— Il y a des jours où il faut savoir tout sacrifier, et renoncer aux meilleurs espoirs.* D'ailleurs, ce n'est qu'un début, un moyen d'amasser quelques milliers de francs pour m'établir ensuite.

Son père, aussitôt, fut convaincu:

— Ça, c'est vrai. En deux ans tu peux mettre de côté six ou sept mille francs, qui, bien employés, te mèneront loin. Qu'en penses-tu, Louise?

Elle répondit d'une voix basse, presque inintelligible:

— Je pense que Pierre a raison.

Roland s'écria:

— Mais je vais en parler à M. Poulin, que je connais beaucoup! Il est juge au tribunal de commerce et il s'occupe des affaires de la Compagnie. J'ai aussi M. Lenient, l'armateur, qui est intime avec un des vice-présidents.

Jean demandait à son frère:

— Veux-tu que je tâte aujourd'hui même M. Marchand?

— Oui, je veux bien.

Pierre reprit, après avoir songé quelques instants:

— Le meilleur moyen serait peut-être encore d'écrire à mes maîtres de l'École de médecine qui m'avaient en grande estime. On embarque souvent sur ces bateaux-là des sujets médiocres. Des lettres très chaudes des professeurs Mas-Roussel, Rémusot, Flache et Borriquel* enlèveraient la chose en une heure mieux que toutes les recommandations douteuses. Il suffirait de faire présenter ces lettres par ton ami M. Marchand au conseil d'administration.

Jean approuvait tout à fait:

— Ton idée est excellente, excellente!

Et il souriait, rassuré, presque content, sûr du succès, étant incapable de s'affliger longtemps.

— Tu vas leur écrire aujourd'hui même, dit-il.

— Tout à l'heure, tout de suite. J'y vais. Je ne prendrai pas de café ce matin, je suis trop nerveux.

Il se leva et sortit.

Alors Jean se tourna vers sa mère:

— Toi, maman, qu'est-ce que tu fais?

— Rien... je ne sais pas.

— Veux-tu venir avec moi jusque chez Mme Rosémilly?

— Mais... oui... oui...

— Tu sais... il est indispensable que j'y aille aujourd'hui.

— Oui... oui... C'est vrai.

— Pourquoi ça, indispensable? — demanda Roland, habitué d'ailleurs à ne jamais comprendre ce qu'on disait devant lui.*

— Parce que je lui ai promis d'y aller.

— Ah! très bien. C'est différent, alors.

Et il se mit à bourrer sa pipe, tandis que la mère et le fils montaient l'escalier pour prendre leurs chapeaux.

Quand ils furent dans la rue, Jean lui demanda:

— Veux-tu mon bras, maman?

Il ne le lui offrait jamais, car ils avaient l'habitude de marcher côte à côte. Elle accepta et s'appuya sur lui.

Ils ne parlèrent point pendant quelque temps, puis il lui dit:

— Tu vois que Pierre consent parfaitement à s'en aller.

Elle murmura:

— Le pauvre garçon!

— Pourquoi ça, le pauvre garçon? Il ne sera pas malheureux du tout sur la *Lorraine*.

— Non... je sais bien, mais je pense à tant de choses.

Longtemps elle songea, la tête baissée, marchant du même pas que son fils, puis avec cette voix bizarre qu'on prend par moments pour conclure une longue et secrète pensée:

— C'est vilain, la vie! Si on y trouve une fois un peu de douceur, on est coupable de s'y abandonner et on le paye bien cher plus tard.

Il dit, très bas:

— Ne parle plus de ça, maman.

— Est-ce possible ? j'y pense tout le temps.

— Tu oublieras.

Elle se tut encore, puis, avec un regret profond :

— Ah ! comme j'aurais pu être heureuse en épousant un autre homme !

A présent, elle s'exaspérait contre Roland, rejetant sur sa laideur, sur sa bêtise, sur sa gaucherie, sur la pesanteur de son esprit et l'aspect commun de sa personne toute la responsabilité de sa faute et de son malheur. C'était à cela, à la vulgarité de cet homme, qu'elle devait de l'avoir trompé, d'avoir désespéré un de ses fils et fait à l'autre la plus douloureuse confession dont pût saigner le cœur d'une mère. Elle murmura : « C'est si affreux pour une jeune fille d'épouser un mari comme le mien. » Jean ne répondait pas. Il pensait à celui dont il avait cru jusqu'ici être le fils, et peut-être la notion confuse qu'il portait* depuis longtemps de la médiocrité paternelle, l'ironie constante de son frère, l'indifférence dédaigneuse des autres et jusqu'au mépris de la bonne pour Roland avaient-ils préparé son âme à l'aveu terrible de sa mère. Il lui en coûtait moins d'être le fils d'un autre ; et après la grande secousse d'émotion de la veille, s'il n'avait pas eu le contre-coup de révolte, d'indignation et de colère redouté par Mme Roland, c'est que depuis bien longtemps il souffrait inconsciemment de se sentir l'enfant de ce lourdaud bonasse.

Ils étaient arrivés devant la maison de Mme Rosémilly.

Elle habitait, sur la route de Sainte-Adresse,* le deuxième étage d'une grande construction qui lui appartenait. De ses fenêtres on découvrait toute la rade du Havre.

En apercevant Mme Roland qui entrait la première, au lieu de lui tendre les mains comme toujours, elle ouvrit les bras et l'embrassa, car elle devinait l'intention de sa démarche.

Le mobilier du salon, en velours frappé, était toujours recouvert de housses. Les murs, tapissés de papier à fleurs, portaient quatre gravures achetées par le premier mari, le capitaine. Elles représentaient des scènes maritimes et sentimentales. On voyait sur la première la femme d'un pêcheur agitant un mouchoir sur une côte, tandis que disparaît* à l'horizon la voile qui emporte son homme. Sur la seconde, la même femme, à genoux sur la même côte, se tord les bras en regardant au loin, sous un ciel plein d'éclairs, sur une mer de vagues invraisemblables, la barque de l'époux qui va sombrer.

Les deux autres gravures représentaient des scènes analogues dans une classe supérieure de la société.

Une jeune femme blonde rêve, accoudée sur le bordage d'un grand paquebot qui s'en va. Elle regarde la côte déjà lointaine d'un œil mouillé de larmes et de regrets.

Qui a-t-elle laissé derrière elle?

Puis, la même jeune femme assise près d'une fenêtre ouverte sur l'Océan est évanouie dans un fauteuil. Une lettre vient de tomber de ses genoux sur le tapis.

Il est donc mort, quel désespoir!*

Les visiteurs, généralement, étaient émus et séduits par la tristesse banale de ces sujets transparents et poétiques. On comprenait tout de suite, sans explication et sans recherche, et on plaignait les pauvres femmes, bien qu'on ne sût pas au juste la nature du chagrin de la plus distinguée. Mais ce doute même aidait à la rêverie. Elle avait dû perdre son fiancé! L'œil, dès l'entrée, était attiré invinciblement vers ces quatre sujets et retenu comme par une fascination. Il ne s'en écartait que pour y revenir toujours, et toujours contempler les quatre expressions des deux femmes qui se ressemblaient comme deux sœurs. Il se dégageait surtout du dessin net, bien fini, soigné, distingué à la façon d'une gravure de mode, ainsi que du cadre bien luisant, une sensation de propreté et de rectitude qu'accentuait encore le reste de l'ameuble-ment.

Les sièges demeuraient rangés suivant un ordre invariable, les uns contre la muraille, les autres autour du guéridon. Les rideaux blancs, immaculés, avaient des plis si droits et si réguliers qu'on avait envie de les friper un peu; et jamais un grain de poussière ne ternissait le globe où la pendule dorée, de style Empire, une mappemonde* portée par Atlas agenouillé, semblait mûrir comme un melon d'appartement.*

Les deux femmes en s'asseyant modifièrent un peu la place normale de leurs chaises.

— Vous n'êtes pas sortie aujourd'hui? demandait Mme Roland.

— Non. Je vous avoue que je suis un peu fatiguée.

Et elle rappela, comme pour en remercier Jean et sa mère, tout le plaisir qu'elle avait pris à cette excursion et à cette pêche.

— Vous savez, disait-elle, que j'ai mangé ce matin mes salicoques. Elles étaient délicieuses. Si vous voulez, nous recommencerons un jour ou l'autre cette partie-là...

Le jeune homme l'interrompit:

— Avant d'en commencer une seconde, si nous terminions la première?

— Comment ça? Mais il me semble qu'elle est finie.

— Oh! madame, j'ai fait, de mon côté, dans ce rocher de Saint-Jouin, une pêche que je veux aussi rapporter chez moi.

Elle prit un air naïf et malin:

— Vous? Quoi donc? Qu'est-ce que vous avez trouvé?

— Une femme! Et nous venons, maman et moi, vous demander si elle n'a pas changé d'avis ce matin.

Elle se mit à sourire:

— Non, monsieur, je ne change jamais d'avis, moi.

Ce fut lui qui lui tendit alors sa main toute grande, où elle fit tomber la sienne d'un geste vif et résolu. Et il demanda:

— Le plus tôt possible, n'est-ce pas?

— Quand vous voudrez.

— Six semaines?

— Je n'ai pas d'opinion. Qu'en pense ma future belle-mère?

Mme Roland répondit avec un sourire un peu mélancolique:

— Oh! moi, je ne pense rien. Je vous remercie seulement d'avoir bien voulu Jean, car vous le rendrez très heureux.

— On fera ce qu'on pourra, maman.

Un peu attendrie, pour la première fois, Mme Rosémilly se leva et, prenant à pleins bras Mme Roland, l'embrassa longtemps comme un enfant; et sous cette caresse nouvelle une émotion puissante gonfla le cœur malade de la pauvre femme. Elle n'aurait pu dire ce qu'elle éprouvait. C'était triste et doux en même temps. Elle avait perdu un fils, un grand fils, et on lui rendait à la place une fille, une grande fille.

Quand elles se retrouvèrent face à face, sur leurs sièges, elles se prirent les mains, et restèrent ainsi, se regardant et se souriant, tandis que Jean semblait presque oublié d'elles.

Puis elles parlèrent d'un tas de choses auxquelles il fallait songer pour ce prochain mariage, et quand tout fut décidé, réglé, Mme Rosémilly parut soudain se souvenir d'un détail et demanda:

— Vous avez consulté M. Roland, n'est-ce pas?

La même rougeur couvrit soudain les joues de la mère et du fils. Ce fut la mère qui répondit:

— Oh! non, c'est inutile!

Puis elle hésita, sentant qu'une explication était nécessaire, et elle reprit:

— Nous faisons tout sans lui rien dire. Il suffit de lui annoncer ce que nous avons décidé.

Mme Rosémilly, nullement surprise, souriait, jugeant cela bien naturel, car le bonhomme comptait si peu.

Quand Mme Roland se retrouva dans la rue avec son fils:

— Si nous allions chez toi, dit-elle. Je voudrais bien me reposer.

Elle se sentait sans abri, sans refuge, ayant l'épouvante de sa maison.

Ils entrèrent chez Jean.

Dès qu'elle sentit la porte fermée derrière elle, elle poussa un gros soupir comme si cette serrure l'avait mise en sûreté; puis, au lieu de se reposer, comme elle l'avait dit, elle commença à ouvrir les armoires, à vérifier les piles de linge, le nombre des mouchoirs et des chaussettes. Elle changeait l'ordre établi pour chercher des arrangements plus harmonieux, qui plaisaient davantage à son œil de ménagère; et quand elle eut disposé les choses à son gré, aligné les serviettes, les caleçons et les chemises sur leurs tablettes spéciales, divisé tout le linge en trois classes principales, linge de corps, linge de maison et linge de table, elle se recula pour contempler son œuvre, et elle dit:

— Jean, viens donc voir comme c'est joli.

Il se leva et admira pour lui faire plaisir.

Soudain, comme il s'était rassis, elle s'approcha de son fauteuil à pas légers, par derrière, et, lui enlaçant le cou de son bras droit, elle l'embrassa en posant sur la cheminée un petit objet enveloppé dans un papier blanc, qu'elle tenait de l'autre main.

Il demanda:

— Qu'est-ce que c'est?

Comme elle ne répondait pas, il comprit, en reconnaissant la forme du cadre:*

— Donne! dit-il.

Mais elle feignit de ne pas entendre, et retourna vers ses armoires. Il se leva, prit vivement cette relique douloureuse et, traversant l'appartement, alla l'enfermer à double tour dans le tiroir de son bureau. Alors elle essuya du bout de ses doigts une larme au bord de ses yeux, puis elle dit, d'une voix un peu chevrotante:

— Maintenant, je vais voir si ta nouvelle bonne tient bien ta cuisine. Comme elle est sortie en ce moment, je pourrai tout inspecter pour me rendre compte.

IX

Les lettres de recommandation des professeurs Mas-Roussel, Rémusot, Flache et Borriquel, écrites dans les termes les plus flatteurs pour le Dr Pierre Roland, leur élève, avaient été soumises par M. Marchand au conseil de la Compagnie transatlantique, appuyées par MM. Poulin, juge au tribunal de commerce, Lenient, gros armateur, et Marival, adjoint au maire du Havre, ami particulier du capitaine Beausire.

Il se trouvait que le médecin de la *Lorraine* n'était pas encore désigné, et Pierre eut la chance d'être nommé en quelques jours.

Le pli qui l'en prévenait lui fut remis par la bonne Joséphine, un matin, comme il finissait sa toilette.

Sa première émotion fut celle du condamné à mort à qui on annonce sa peine commuée; et il sentit immédiatement sa souffrance adoucie un peu par la pensée de ce départ et de cette vie calme, toujours bercée par l'eau qui roule, toujours errante, toujours fuyante.

Il vivait maintenant dans la maison paternelle en étranger muet et réservé. Depuis le soir où il avait laissé s'échapper devant son frère l'infâme secret découvert par lui, il sentait qu'il avait brisé les dernières attaches avec les siens. Un remords le harcelait d'avoir dit cette chose à Jean. Il se jugeait odieux, malpropre, méchant, et cependant il était soulagé d'avoir parlé.

Jamais il ne rencontrait plus le regard de sa mère ou le regard de son frère. Leurs yeux* pour s'éviter avaient pris une mobilité surprenante et des ruses d'ennemis qui redoutent de se croiser. Toujours il se demandait: « Qu'a-t-elle pu dire à Jean? A-t-elle avoué ou a-t-elle nié? Que croit mon frère? Que pense-t-il d'elle, que pense-t-il de moi ? » Il ne devinait pas et s'en exaspérait. Il ne leur parlait presque plus d'ailleurs, sauf devant Roland, afin d'éviter ses questions.

Quand il eut reçu la lettre lui annonçant sa nomination, il la présenta, le jour même, à sa famille. Son père, qui avait une grande tendance à se réjouir de tout, battit des mains. Jean répondit d'un ton sérieux, mais l'âme pleine de joie :

— Je te félicite de tout mon cœur, car je sais qu'il y avait beaucoup de concurrents. Tu dois cela certainement aux lettres de tes professeurs.

Et sa mère baissa la tête en murmurant :

— Je suis bien heureuse que tu aies réussi.*

Il alla, après le déjeuner, aux bureaux de la Compagnie, afin de se renseigner sur mille choses ; et il demanda le nom du médecin de la *Picardie* qui devait partir le lendemain, pour s'informer près de lui de tous les détails de sa vie nouvelle et des particularités qu'il y devait rencontrer.

Le Dr Pirette étant à bord, il s'y rendit, et il fut reçu dans une petite chambre de paquebot par un jeune homme à barbe blonde qui ressemblait à son frère. Ils causèrent longtemps.

On entendait dans les profondeurs sonores de l'immense bâtiment une grande agitation confuse et continue, où la chute des marchandises entassées dans les cales se mêlait aux pas, aux voix, au mouvement des machines chargeant les caisses, aux sifflets des contremaîtres et à la rumeur des chaînes traînées ou enroulées sur les treuils par l'haleine rauque de la vapeur qui faisait vibrer un peu le corps entier du gros navire.*

Mais lorsque Pierre eut quitté son collègue et se retrouva dans la rue, une tristesse nouvelle s'abattit sur lui, et l'enveloppa comme ces brumes qui courent sur la mer, venues du bout du monde et qui portent dans leur épaisseur insaisissable* quelque chose de mystérieux et d'impur comme le souffle pestilentiel de terres malfaisantes et lointaines.

En ses heures de plus grande souffrance il ne s'était jamais senti plongé ainsi dans un cloaque de misère. C'est que la dernière déchirure était faite ; il ne tenait plus à rien. En arrachant de son cœur les racines de toutes ses tendresses, il n'avait pas éprouvé encore cette détresse de chien perdu qui venait soudain de le saisir.

Ce n'était plus une douleur morale et torturante, mais l'affolement

d'une bête sans abri, une angoisse matérielle d'être errant qui n'a plus
de toit et que la pluie, le vent, l'orage, toutes les forces brutales du
monde vont assaillir. En mettant le pied sur ce paquebot, en entrant
dans cette chambrette balancée sur les vagues, la chair de l'homme qui a
toujours dormi dans un lit immobile et tranquille s'était révoltée contre
l'insécurité de tous les lendemains futurs. Jusqu'alors elle s'était sentie
protégée, cette chair, par le mur solide enfoncé dans la terre qui le
tient, et par la certitude du repos à la même place, sous le toit qui
résiste au vent. Maintenant, tout ce qu'on aime braver dans la chaleur
du logis fermé deviendrait un danger et une constante souffrance.

Plus de sol sous les pas, mais la mer qui roule, qui gronde et en-
gloutit. Plus d'espace autour de soi, pour se promener, courir, se
perdre par les chemins, mais quelques mètres de planches pour marcher
comme un condamné au milieu d'autres prisonniers. Plus d'arbres, de
jardins, de rues, de maisons, rien que de l'eau et des nuages. Et sans
cesse il sentirait remuer ce navire sous ses pieds. Les jours d'orage il
faudrait s'appuyer aux cloisons, s'accrocher aux portes, se cramponner
aux bords de la couchette étroite pour ne point rouler par terre. Les
jours de calme il entendrait la trépidation ronflante de l'hélice et
sentirait fuir ce bateau qui le porte,* d'une fuite continue, régulière,
exaspérante.

Et il se trouvait condamné à cette vie de forçat vagabond uniquement
parce que sa mère s'était livrée aux caresses d'un homme.

Il allait devant lui, défaillant à présent sous la mélancolie désolée
des gens qui vont s'expatrier.

Il ne se sentait plus au cœur ce mépris hautain, cette haine dédaigneuse pour les inconnus qui passent, mais une triste envie de leur
parler, de leur dire qu'il allait quitter la France, d'être écouté et consolé. C'était, au fond de lui, un besoin honteux de pauvre qui va tendre
la main, un besoin timide et fort de sentir quelqu'un souffrir de son
départ.

Il songea à Marowsko. Seul le vieux Polonais l'aimait assez* pour
ressentir une vraie et poignante émotion; et le docteur se décida tout de
suite à l'aller voir.

Quand il entra dans la boutique, le pharmacien, qui pilait des
poudres au fond d'un mortier de marbre, eut un petit tressaillement et
quitta sa besogne:

— On ne vous aperçoit plus jamais? dit-il.

Le jeune homme expliqua qu'il avait eu à entreprendre des démarches nombreuses, sans en dévoiler le motif, et il s'assit en demandant:

— Eh bien! les affaires vont-elles?

Elles n'allaient pas, les affaires. La concurrence était terrible, le malade rare et pauvre dans ce quartier travailleur. On n'y pouvait vendre que des médicaments à bon marché; et les médecins n'y ordonnaient point ces remèdes rares* et compliqués sur lesquels on gagne cinq cents pour cent. Le bonhomme conclut:

— Si ça dure encore trois mois comme ça, il faudra fermer boutique. Si je ne comptais pas sur vous, mon bon docteur, je me serais déjà mis à cirer des bottes.

Pierre sentit son cœur se serrer, et il se décida brusquement à porter le coup, puisqu'il le fallait:

— Oh! moi... moi... je ne pourrai plus vous être d'aucun secours. Je quitte le Havre au commencement du mois prochain.

Marowsko ôta ses lunettes, tant son émotion fut vive:

— Vous... vous... qu'est-ce que vous dites là?

— Je dis que je m'en vais, mon pauvre ami.

Le vieux demeurait atterré, sentant crouler son dernier espoir, et il se révolta soudain contre cet homme qu'il avait suivi, qu'il aimait, en qui il avait eu tant de confiance, et qui l'abandonnait ainsi.

Il bredouilla:

— Mais vous n'allez pas me trahir à votre tour, vous?

Pierre se sentait tellement attendri qu'il avait envie de l'embrasser:

— Mais je ne vous trahis pas. Je n'ai point trouvé à me caser ici et je pars comme médecin sur un paquebot transatlantique.

— Oh! monsieur Pierre! Vous m'aviez si bien promis de m'aider à vivre!

— Que voulez-vous! Il faut que je vive moi-même. Je n'ai pas un sou de fortune.

Marowsko répétait:

— C'est mal, c'est mal, ce que vous faites. Je n'ai plus qu'à mourir de faim, moi. A mon âge, c'est fini. C'est mal. Vous abandonnez un pauvre vieux qui est venu pour vous suivre. C'est mal.

Pierre voulait s'expliquer, protester, donner ses raisons, prouver qu'il n'avait pu faire autrement; le Polonais n'écoutait point, révolté de cette désertion, et il finit par dire, faisant allusion sans doute à des événements politiques:

— Vous autres Français, vous ne tenez pas vos promesses.*

Alors Pierre se leva, froissé à son tour, et le prenant d'un peu haut:

— Vous êtes injuste, père Marowsko. Pour se décider à ce que j'ai fait, il faut de puissants motifs; et vous devriez le comprendre. Au revoir. J'espère que je vous retrouverai plus raisonnable.

Et il sortit.

— Allons, pensait-il, personne n'aura pour moi un regret sincère.

Sa pensée cherchait, allant à tous ceux qu'il connaissait, ou qu'il avait connus, et elle retrouva, au milieu de tous les visages défilant dans son souvenir, celui de la fille de brasserie qui lui avait fait soupçonner sa mère.

Il hésita, gardant contre elle une rancune instinctive, puis soudain, se décidant, il pensa: «Elle avait raison, après tout.» Et il s'orienta pour retrouver sa rue.

La brasserie était, par hasard, remplie de monde et remplie aussi de fumée. Les consommateurs, bourgeois et ouvriers, car c'était un jour de fête, appelaient, riaient, criaient, et le patron lui-même servait, courant de table en table, emportant des bocks vides et les rapportant pleins de mousse.

Quand Pierre eut trouvé une place, non loin du comptoir, il attendit, espérant que la bonne le verrait et le reconnaîtrait.

Mais elle passait et repassait devant lui, sans un coup d'œil, trottant menu sous ses jupes avec un petit dandinement gentil.

Il finit par frapper la table d'une pièce d'argent. Elle accourut:

— Que désirez-vous, monsieur?

Elle ne le regardait pas, l'esprit perdu dans le calcul des consommations servies.

— Eh bien! fit-il, c'est comme ça qu'on dit bonjour à ses amis?

Elle fixa ses yeux sur lui, et d'une voix pressée:

— Ah! c'est vous.* Vous allez bien.* Mais je n'ai pas le temps aujourd'hui. C'est un bock que vous voulez?

— Oui, un bock.

Quand elle l'apporta, il reprit:

— Je viens te faire mes adieux. Je pars.

Elle répondit avec indifférence:

— Ah bah! Où allez-vous?

— En Amérique.

— On dit que c'est un beau pays.

Et rien de plus. Vraiment il fallait être bien malavisé pour lui parler ce jour-là. Il y avait trop de monde au café!

Et Pierre s'en alla vers la mer. En arrivant sur la jetée il vit la *Perle* qui rentrait portant son père et le capitaine Beausire. Le matelot Papagris ramait; et les deux hommes, assis à l'arrière, fumaient leur pipe avec un air de parfait bonheur. Le docteur songea en les voyant passer: « Bienheureux les simples d'esprit.* »

Et il s'assit sur un des bancs du brise-lames pour tâcher de s'engourdir dans une somnolence de brute.

Quand il rentra, le soir, à la maison, sa mère lui dit, sans oser lever les yeux sur lui:

— Il va te falloir un tas d'affaires pour partir, et je suis un peu embarrassée. Je t'ai commandé tantôt ton linge de corps et j'ai passé chez le tailleur pour les habits; mais n'as-tu besoin de rien autre, de choses que je ne connais pas, peut-être?

Il ouvrit la bouche pour dire: « Non, de rien. » Mais il songea qu'il lui fallait au moins accepter de quoi se vêtir décemment, et ce fut d'un ton très calme qu'il répondit:

— Je ne sais pas encore, moi; je m'informerai à la Compagnie.

Il s'informa, et on lui remit la liste des objets indispensables. Sa mère, en la recevant de ses mains, le regarda pour la première fois depuis bien longtemps, et elle avait au fond des yeux l'expression si humble, si douce, si triste, si suppliante des pauvres chiens battus qui demandent grâce.

Le 1er octobre, la *Lorraine*, venant de Saint-Nazaire, entra au port du Havre, pour en repartir le 7 du même mois à destination de New-York; et Pierre Roland dut prendre possession de la petite cabine flottante où serait désormais emprisonnée sa vie.

Le lendemain, comme il sortait, il rencontra dans l'escalier sa mère qui l'attendait et qui murmura d'une voix à peine intelligible:

— Tu ne veux pas que je t'aide à t'installer sur ce bateau?

— Non, merci, tout est fini.

Elle murmura:

— Je désire tant voir ta chambrette.

— Ce n'est pas la peine. C'est très laid et très petit.

Il passa, la laissant atterrée, appuyée au mur, et la **face** blême.

Or Roland, qui visita la *Lorraine* ce jour-là même, ne parla **pendant** le dîner que de ce magnifique navire et s'étonna beaucoup que sa femme n'eût aucune envie de le connaître puisque leur fils allait s'embarquer dessus.

Pierre ne vécut guère dans sa famille pendant les jours qui suivirent. Il était nerveux, irritable, dur, et sa parole brutale semblait fouetter tout le monde. Mais la veille de son départ il parut soudain très changé, très adouci. Il demanda, au moment d'embrasser ses parents avant d'aller coucher à bord pour la première fois:

— Vous viendrez me dire adieu, demain, sur le bateau?

Roland s'écria:

— Mais oui, mais oui, parbleu. N'est-ce pas, Louise?

— Mais certainement, dit-elle tout bas.

Pierre reprit:

— Nous partons à onze heures juste. Il faut être là-bas à neuf heures et demie au plus tard.

— Tiens! s'écria son père, une idée. En te quittant nous courrons bien vite nous embarquer sur la *Perle* afin de t'attendre hors des jetées et de te voir encore une fois. N'est-ce pas, Louise?

— Oui, certainement.

Roland reprit:

— De cette façon, tu ne nous confondras pas avec la foule qui encombre le môle quand partent les transatlantiques. On ne peut jamais reconnaître les siens dans le tas.* Ça te va?

— Mais oui, ça me va. C'est entendu.

Une heure plus tard il était étendu dans son petit lit marin, étroit et long comme un cercueil. Il y resta longtemps, les yeux ouverts, songeant à tout ce qui s'était passé depuis deux mois dans sa vie, et surtout dans son âme. A force d'avoir souffert et fait souffrir les autres, sa douleur agressive et vengeresse s'était fatiguée, comme une lame émoussée. Il n'avait presque plus le courage d'en vouloir à quelqu'un et de quoi que ce fût, et il laissait aller sa révolte à vau-l'eau à la façon de son existence.* Il se sentait tellement las de lutter, las de frapper, las de détester, las de tout, qu'il n'en pouvait plus et tâchait d'engourdir son cœur dans l'oubli, comme on tombe dans le sommeil. Il entendait vaguement autour de lui les bruits nouveaux du navire, bruits légers, à peine perceptibles en cette nuit calme du port; et de sa blessure jusque-là si cruelle il ne sentait plus aussi que les tiraillements douloureux des plaies qui se cicatrisent.*

Il avait dormi profondément quand le mouvement des matelots le tira de son repos. Il faisait jour, le train de marée arrivait au quai amenant les voyageurs de Paris.

Alors il erra sur le navire au milieu de ces gens affairés, inquiets, cherchant leurs cabines, s'appelant, se questionnant et se répondant au hasard, dans l'effarement du voyage commencé.* Après qu'il eut salué le capitaine et serré la main de son compagnon le commissaire du bord, il entra dans le salon où quelques Anglais sommeillaient déjà dans les coins. La grande pièce aux murs de marbre blanc encadrés de filets d'or prolongeait indéfiniment dans les glaces la perspective de ses longues tables flanquées de deux lignes illimitées de sièges tournants, en velours grenat. C'était bien là le vaste hall flottant et cosmopolite où devaient manger* en commun les gens riches de tous les continents. Son luxe opulent était celui des grands hôtels, des théâtres, des lieux publics, le luxe imposant et banal qui satisfait l'œil des millionnaires. Le docteur allait passer dans la partie du navire réservée à la seconde classe, quand il se souvint qu'on avait embarqué la veille au soir un grand troupeau d'émigrants, et il descendit dans l'entrepont. En y pénétrant, il fut saisi par une odeur nauséabonde d'humanité pauvre et malpropre, puanteur de chair nue plus écœurante que celle du poil ou de la laine des bêtes. Alors, dans une sorte de souterrain obscur et bas, pareil aux galeries des mines, Pierre aperçut des centaines d'hommes, de femmes et d'enfants étendus sur des planches superposées ou grouillant par tas sur le sol. Il ne distinguait point les visages mais voyait vaguement cette foule sordide en haillons, cette foule de misérables vaincus par la vie, épuisés, écrasés, partant avec une femme maigre et des enfants exténués pour une terre inconnue, où ils espéraient ne point mourir de faim, peut-être.*

Et songeant au travail passé, au travail perdu, aux efforts stériles, à la lutte acharnée, reprise chaque jour en vain, à l'énergie dépensée par ces gueux, qui allaient recommencer encore, sans savoir où, cette existence d'abominable misère, le docteur eut envie de leur crier: « Mais foutez-vous donc à l'eau* avec vos femelles et vos petits! » Et son cœur fut tellement étreint par la pitié qu'il s'en alla, ne pouvant supporter leur vue.

Son père, sa mère, son frère et Mme Rosémilly l'attendaient déjà dans sa cabine.

— Si tôt, dit-il.

— Oui, répondit Mme Roland d'une voix tremblante, nous voulions avoir le temps de te voir un peu.

Il la regarda. Elle était en noir, comme si elle eût porté un deuil, et il s'aperçut brusquement que ses cheveux, encore gris le mois dernier, devenaient tout blancs à présent.

Il eut grand'peine à faire asseoir les quatre personnes dans sa petite demeure, et il sauta sur son lit. Par la porte restée ouverte on voyait passer une foule nombreuse comme celle d'une rue un jour de fête, car tous les amis des embarqués et une armée de simples curieux avaient envahi l'immense paquebot. On se promenait dans les couloirs, dans les salons, partout, et des têtes s'avançaient jusque dans la chambre tandis que des voix murmuraient au dehors: « C'est l'appartement du docteur. »

Alors Pierre poussa la porte; mais dès qu'il se sentit enfermé avec les siens, il eut envie de la rouvrir, car l'agitation du navire trompait leur gêne et leur silence.

Mme Rosémilly voulut* enfin parler:

— Il vient bien peu d'air par ces petites fenêtres, dit-elle.

— C'est un hublot, répondit Pierre.

Il en montra l'épaisseur qui rendait le verre capable de résister aux chocs les plus violents, puis il expliqua longuement le système de fermeture. Roland à son tour demanda:

— Tu as ici même la pharmacie?

Le docteur ouvrit une armoire et fit voir une bibliothèque* de fioles qui portaient des noms latins sur des carrés de papier blanc.

Il en prit une pour énumérer les propriétés de la matière qu'elle contenait, puis une seconde, puis une troisième, et il fit un vrai cours de thérapeutique* qu'on semblait écouter avec grande attention.

Roland répétait en remuant la tête:

— Est-ce intéressant, cela!

On frappa doucement contre la porte.

— Entrez! cria Pierre.

Et le capitaine Beausire parut.

Il dit, en tendant la main:

— Je viens tard parce que je n'ai pas voulu gêner vos épanchements.

Il dut aussi s'asseoir sur le lit. Et le silence recommença.

Mais, tout à coup, le capitaine prêta l'oreille. Des commandements lui parvenaient à travers la cloison, et il annonça:

— Il est temps de nous en aller si nous voulons embarquer dans la *Perle* pour vous voir encore à la sortie, et vous dire adieu en pleine mer.

Roland père y tenait beaucoup, afin d'impressionner les voyageurs de la *Lorraine* sans doute, et il se leva avec empressement:

— Allons, adieu, mon garçon.

Il embrassa Pierre sur ses favoris, puis rouvrit la porte.

Mme Roland ne bougeait point et demeurait les yeux baissés, très pâle.

Son mari lui toucha le bras:

— Allons, dépêchons-nous, nous n'avons pas une minute à perdre.

Elle se dressa, fit un pas vers son fils et lui tendit, l'une après l'autre, deux joues de cire blanche, qu'il baisa sans dire un mot. Puis il serra la main de Mme Rosémilly, et celle de son frère en lui demandant:

— A quand ton mariage?

— Je ne sais pas encore au juste. Nous le ferons coïncider avec un de tes voyages.

Tout le monde enfin sortit de la chambre et remonta sur le pont encombré de public, de porteurs de paquets et de marins.

La vapeur ronflait dans le ventre énorme du navire qui semblait frémir d'impatience.

— Adieu, dit Roland toujours pressé.

— Adieu, répondit Pierre debout au bord d'un des petits ponts de bois qui faisaient communiquer la *Lorraine* avec le quai.

Il serra de nouveau toutes les mains et sa famille s'éloigna.

— Vite, vite, en voiture! criait le père.

Un fiacre les attendait qui les conduisit à l'avant-port où Papagris tenait la *Perle* toute prête à prendre le large.

Il n'y avait aucun souffle d'air; c'était un de ces jours secs et calmes d'automne, où la mer polie semble froide et dure comme de l'acier.

Jean saisit un aviron, le matelot borda* l'autre et ils se mirent à ramer. Sur le brise-lames, sur les jetées, jusque sur les parapets de granit, une foule innombrable, remuante et bruyante, attendait la *Lorraine*.

La *Perle* passa entre ces deux vagues humaines et fut bientôt hors du môle.

Le capitaine Beausire, assis entre les deux femmes, tenait la barre et il disait:

— Vous allez voir que nous nous trouverons juste sur sa route, mais là, juste.*

Et les deux rameurs tiraient de toute leur force pour aller le plus loin possible. Tout à coup Roland s'écria :

— La voilà. J'aperçois sa mâture et ses deux cheminées. Elle sort du bassin.

— Hardi ! les enfants, répétait Beausire.

Mme Roland prit son mouchoir dans sa poche et le posa sur ses yeux.

Roland était debout, cramponné au mât ; il annonçait :

— En ce moment elle évolue dans l'avant-port... Elle ne bouge plus... Elle se remet en mouvement... Elle a dû prendre son remorqueur... Elle marche... bravo !... Elle s'engage dans les jetées !... Entendez-vous la foule qui crie... bravo ! c'est le *Neptune* qui la tire... je vois son avant maintenant... la voilà, la voilà... Nom de Dieu, quel bateau ! Nom de Dieu ! regardez donc !...

Mme Rosémilly et Beausire se retournèrent ; les deux hommes cessèrent de ramer ; seule Mme Roland ne remua point.

L'immense paquebot, traîné par un puissant remorqueur qui avait l'air, devant lui, d'une chenille, sortait lentement et royalement du port. Et le peuple havrais massé sur les môles, sur la plage, aux fenêtres, emporté soudain par un élan patriotique se mit à crier : « Vive la *Lorraine* !* » acclamant et applaudissant ce départ magnifique, cet enfantement* d'une grande ville maritime qui donnait à la mer sa plus belle fille.

Mais Elle, dès qu'elle eut franchi l'étroit passage enfermé entre deux murs de granit, se sentant libre enfin, abandonna son remorqueur, et elle partit toute seule comme un énorme monstre courant sur l'eau.

— La voilà... la voilà !... criait toujours Roland. Elle vient droit sur nous.

Et Beausire, radieux, répétait :

— Qu'est-ce que je vous avais promis, hein ? Est-ce que je connais leur route ?

Jean, tout bas, dit à sa mère :

— Regarde, maman, elle approche.

Et Mme Roland découvrit ses yeux aveuglés par les larmes.

La *Lorraine* arrivait, lancée à toute vitesse dès sa sortie du port, par ce beau temps clair, calme. Beausire, la lunette braquée, annonça :

— Attention! M. Pierre est à l'arrière, tout seul, bien en vue. Attention!

Haut comme une montagne et rapide comme un train, le navire, maintenant, passait presque à toucher la *Perle*.

Et Mme Roland, éperdue, affolée, tendit les bras vers lui, et elle vit son fils, son fils Pierre, coiffé de sa casquette galonnée, qui lui jetait à deux mains des baisers d'adieu.

Mais il s'en allait, il fuyait, disparaissait, devenu déjà tout petit, effacé comme une tache imperceptible sur le gigantesque bâtiment.* Elle s'efforçait de le reconnaître encore et ne le distinguait plus.

Jean lui avait pris la main:

— Tu as vu? dit-il.

— Oui, j'ai vu. Comme il est bon!

Et on retourna vers la ville.

— Cristi! ça va vite, déclarait Roland avec une conviction enthousiaste.

Le paquebot, en effet, diminuait de seconde en seconde comme s'il eût fondu dans l'Océan. Mme Roland tournée vers lui le regardait s'enfoncer à l'horizon vers une terre inconnue, à l'autre bout du monde. Sur ce bateau que rien ne pouvait arrêter, sur ce bateau qu'elle n'apercevrait plus tout à l'heure, était son fils, son pauvre fils. Et il lui semblait que la moitié de son cœur s'en allait avec lui, il lui semblait aussi que sa vie était finie, il lui semblait encore qu'elle ne reverrait jamais plus son enfant.*

— Pourquoi pleures-tu, demanda son mari, puisqu'il sera de retour avant un mois?

Elle balbutia:

— Je ne sais pas. Je pleure parce que j'ai mal.

Lorsqu'ils furent revenus à terre, Beausire les quitta tout de suite pour aller déjeuner chez un ami. Alors Jean partit en avant avec Mme Rosémilly, et Roland dit à sa femme:

— Il a une belle tournure, tout de même, notre Jean.*

— Oui, répondit la mère.

Et comme elle avait l'âme trop troublée pour songer à ce qu'elle disait, elle ajouta:

— Je suis bien heureuse qu'il épouse Mme Rosémilly.

Le bonhomme fut stupéfait:

— Ah bah! Comment? Il va épouser Mme Rosémilly?

— Mais oui. Nous comptions te demander ton avis aujourd'hui même.

— Tiens! tiens! Y a-t-il longtemps qu'il est question de cette affaire-là?

— Oh! non. Depuis quelques jours seulement.* Jean voulait être sûr d'être agréé par elle avant de te consulter.

Roland se frottait les mains:

— Très bien, très bien. C'est parfait. Moi je l'approuve absolument.

Comme ils allaient quitter le quai et prendre le boulevard François Ier, sa femme se retourna encore une fois pour jeter un dernier regard sur la haute mer; mais elle ne vit plus rien qu'une petite fumée grise, si lointaine, si légère qu'elle avait l'air d'un peu de brume.

FIN

Notes

The numbers refer to pages. *Expressions adequately dealt with in* Harrap's Shorter French and English Dictionary *are not normally listed here.*

Le Roman

35. **à proprement parler:** for Brunetière, who had not hesitated to teach Maupassant his trade, *Une Vie* was "mal équilibrée". Of *Bel-Ami* he said: "Son livre n'est pas proprement un livre ni surtout un roman. Il n'est pas composé." Although he considers *Mont-Oriol* "fort bien composé", it is not the novel it should have been: "Le roman de Monsieur de Maupassant n'est que la chronique au jour le jour du sujet dont nous attendions qu'il nous donnerait l'étude" (*Revue des Deux Mondes*, 1.viii.1884, 1.vii.1885, 1.iii. 1887). In the *Revue bleue*, Maxime Gaucher had taken Maupassant to task for 'not finishing' his novels *Une Vie* and *Bel-Ami* (see Artinian).
recherches d'art: 'artistic experiments'.
Or, le critique: the *Figaro* version omitted from here to p. 37 ("réussit ou échoue") (Maynial, pp. 155–8). Maupassant was thus made to appear to contradict himself.
Sapho: this list of works, quoted haphazardly, demonstrates the immense diversity of the novel form. It includes first-person narratives, third-person narratives and epistolary novels. Some of these texts are psychological, others objective or historical, some realistic, others wildly extravagant, some edifying, others not. The two Balzac novels, *Le Père Goriot* and *La Cousine Bette*, are perhaps the best examples of the novel divided into exposition, action and *dénouement*, mentioned in the next paragraph.—Maupassant refers to Flaubert and Zola, but not to the Goncourts. However, he does name Daudet's *Sapho* (1884) which, with *Werther, René* and *Adolphe*, is one of a number of works the heroes of which announce the melancholy and vacillating hero of *Pierre et Jean*.

36. **un autre, qui n'en est pas un:** the expression is deliberately playful ('another novel which isn't a novel'), alluding to the type of remark made by Brunetière: "Son livre n'est pas un livre."

Hugo . . . Zola: Maupassant must be thinking of Hugo's *Préface de Cromwell.* For Zola, *cf.* Deffoux, pp. 17–20. Maupassant could have quoted also the Goncourts' preface to *Germinie Lacerteux* (1864).

37. **à faux:** 'for the wrong reasons'.

positive: thus, with some insight, the author depicts successively novelists, critics and readers as biased in favour of works which harmonize with their own outlook and temperament.

tendances: the critic should appreciate the work with regard to what the author has tried to do. That the author had such and such an aim, rather than another, is not the critic's business. *Cf.*: "Le critique n'a pas le droit de chercher querelle à l'écrivain sur la nature de son talent" (*Correspondance*, p. 227). Compare also the Goncourts' letter to Zola, 27.ii.1865 (Deffoux, p. 149).

38. **de comprendre, d'observer, de concevoir:** such a phrase, to be compared to "de composer, c'est-à-dire d'imaginer ou d'observer" above (p. 36), corresponds to Maupassant's realization that observation and creation are not in the relation of cause and effect, that creation follows upon a shuttle movement between observation and the imaginative faculty.

constante: *constant* is used in this essay, not with the sense of 'regular' or 'continual', but that of 'undisputed', 'averred'. Here: 'averred truth, which is brutal and unpleasing' (Maupassant forgets that the idealist does not see things thus).

les plus attachants: *i.e. même les plus attachants.*

Le romancier: the crucial development on the 'realist' novelist contained in this and the next three paragraphs was omitted by the *Figaro littéraire* (Maynial, pp. 155–8).

Son but . . . de nous attendrir: his *primary* aim is not to tell a story or to move the reader. It is not implied that he excludes emotion: *cf.* further down, "Pour nous émouvoir."

les choses, les faits et les hommes: these three are a definition of *l'univers.*

39. **période suivante:** as in *Pierre et Jean.*

valeur d'ensemble: one may compare this paragraph with Maupassant's account of Flaubert's methods: "Par composition il entendait ce travail acharné qui consiste à exprimer l'essence seule des actions qui se succèdent dans une existence, à choisir uniquement les traits caractéristiques et à les grouper, à les combiner de telle sorte qu'ils concourent de la façon la plus parfaite à l'effet qu'on voulait obtenir" (*Gustave Flaubert*, in *Chroniques*, p. 109).

état normal: this remark by itself would authorize us to consider that Pierre's crisis is not the whole theme of *Pierre et Jean.*

irrécusable et constante: *cf.* above, p. 38.

40. Le vrai . . . vraisemblable: Boileau, *Art poétique*, III, line 48.

qui doivent être classées au chapitre *faits divers*: such events should be likened to the section of miscellaneous news items, accidents, etc. in a newspaper.

au même plan: at the same distance from the spectator, *i.e.* with no effect of perspective.

Faire vrai: 'to write (paint, create) realistically'.

41. Illusion du beau: after remarking in the preceding paragraph that each man has his own illusion of the world, Maupassant goes on to note the relative character of the terms used to describe these different outlooks.

jamais immuable: this is the reading of all the texts, although *à jamais immuable* might have been more understandable.

mobiles: here 'motives'.

précises et rêvées . . . l'observation: *i.e.* 'at one and the same time precise and made up (unreal), in which invention becomes indistinguishable from observation (because nothing is objective, all is cerebral).'

quel vilain mot: *objectivité* smacks of philosophical jargon.

42. mouvements: we may compare this paragraph with his remarks elsewhere (*Chroniques*, p. 422): "Il faut décrire et non pas analyser . . . Notre art consiste à montrer l'intimité des âmes de façon à la rendre visible, émouvante et surtout esthétique . . . Mettre en scène l'homme secret par sa vie."

43. une barrière d'organes infranchissable: man is looked upon as imprisoned within his five senses because of their limitations and the fact that they exclude any other mode of experiencing reality.

exactitude: Maupassant does not insist on this criterion—for is not all illusion, according to him? His most solid objections are based on the non-representational character of the analytical novel.

Voici . . . les symbolistes: the idea of readiness to accept new forms of art, implicit in the preceding paragraph, provides the transition here. Maupassant knew Mallarmé's work as early as 1877 (*Chroniques*, p. 222) and Mallarmé himself in the eighties, to mention only one of the symbolists. *Cf.* also Vial, p. 92 n.3.

et ils ont . . . intéressant: 'the particularly interesting thing about them is (that they . . .)'.

en effet: the paragraph is on the difficulty of art, just mentioned; hence this 'indeed'.

écriture: 'writing', 'style'.

le confus pressentiment: in this variation on La Bruyère's *Tout est dit* (*Les Caractères*, ch. 1, first words), after the impassioned movement of the opening sentence, a discreet use of binary constructions, repetition and alliteration admirably underlines that monotony which is the explicit theme.

44. **dans la candeur de sa médiocrité:** 'in all the innocence of his mediocrity'.

que nous dévoilent . . . grands maîtres: the theme is still the monotony of literature and the rarity of what is really original.

Bouilhet: Louis Bouilhet (1822–69), one of the first Parnassians, was in charge of the Municipal Library at Rouen. As a friend of Maupassant's uncle Alfred Le Poittevin (†1848), and of Flaubert, whose family was closely linked with the Le Poittevins, he came to act as *correspondant* for Maupassant when the latter attended the *lycée* of Rouen (1867–9), and the youth would spend his Sundays with him (*cf.* Dumesnil, p. 75, and for texts of Maupassant devoted to Bouilhet, Vial, p. 95, n.3.).

plus d'un volume: this seems unacceptable as it stands. Maupassant may mean 'more than one major work'.

45. **Flaubert:** Maupassant's regular association with Flaubert seems to date from 1872–3. *Cf.* further down: "pendant sept ans", *i.e.* until Flaubert's death in May 1880 (*cf.* also Vial, pp. 52–4).

essais: 'first attempts', 'literary efforts'.

Buffon: in the first edition and in the *Figaro littéraire* the remark is attributed mistakenly to Chateaubriand. Buffon's actual words were: "Le génie n'est autre chose qu'une grande aptitude à la patience" (*Discours de réception à l'Académie*).

Il n'en est rien resté: 'nothing remains of it all', *i.e.* nothing was thought fit for publication. Some of these works, like the *drame détestable*, *La Trahison de la Comtesse de Rhune*, were printed posthumously.

le dimanche suivant: Maupassant would give the work to Flaubert one Sunday, and they would discuss it the next.

46. **adresse de l'image:** as for example in "à favoris noirs coupés comme ceux des magistrats" in the portrait of Pierre, where the comparison indicates his severity. Flaubert's art was nothing if not plastic, and these paragraphs are concerned with the detailed *procédés* of evocative description. This aspect of Flaubert, as one "qui fouille et creuse le vrai tant qu'il peut, qui aime à accuser le petit fait aussi puissamment que le grand, qui voudrait vous faire sentir presque matériellement les choses qu'il reproduit" (*Correspondance*, Conard, II, 1926, p. 344), is not in contradiction with his claim to present life "comme elle est toujours en elle-même dans sa généralité" (*ibid.*, p. 462).

ailleurs: see his *Gustave Flaubert* (1884) in *Chroniques*, especially pp. 128–31.

clowneries: the term had been used in the literal sense by Edmond de Goncourt in *Les Frères Zemganno* (in which the feats of the two circus artists symbolize the literary acrobatics of the Goncourts).

enseigna le pouvoir: Boileau, *Art poétique*, I, 133: the subject of the sentence is Malherbe.

nombreux: 'copious' (rather than 'rhythmical').

chinois: 'tortuous', 'over-elaborate'.

écriture artiste: 'artistic style'.

coupées: 'divided into parts', 'split up'.

verbes: in the etymological sense of 'words'.

préciosités: for *expressions précieuses*. This is a case of abstract used for concrete, not unlike *propreté* further down.

47. **propreté:** the use of abstracts as concrete, and in general the non-differentiation of the two categories, is one aspect of the Goncourts' style. Thus, in *Manette Salomon* (Ch. VII): "cracher sur la beauté des bêtes et la royauté des lions".

    la simplicité qui n'en a pas: 'which has no body', *i.e.* is an abstraction.

Pierre et Jean

51. **fut confus:** 'became (looked) embarrassed'.

52. **Cristi!:** more commonly *sacristi, sapristi*.

    un amour immodéré . . . de la pêche: a typical Flaubertian character, a *bovaryste* (*i.e.* one who sees himself as something he is not) with a mania for locomotion. His hobbies recall Maupassant's (*cf.* the Introduction, p. 10).

    au Havre: Le Havre, a considerable port in Upper Normandy, on the north side of the Seine estuary (see map, facing p. 96).—In this sort of exposition, as is the case with Flaubert notably, information is imparted in the opposite of a methodic order and almost as it were in passing.

    de cinq ans plus âgé que Jean: we have already been told that Jean was "beaucoup plus jeune"; a deliberate repetition.

53. **se lançait:** 'would plunge'; the view-point becomes that of the past, which was not the case with "avait essayé". One may compare the alternation of preterite and imperfect noticeable elsewhere.

    des dispenses de temps obtenues du ministre: the Ministry of Education had exempted him from certain degree regulations, as to the duration of the course.

    Jean . . . rancunier: after stressing the difference of age, Maupassant dwells on the difference of the two brothers in appearance and character.

    diplôme de licencié: *i.e. licencié en droit*.

élans impuissants: the phrase perhaps recalls the description of the fish further back. In any case a certain *correspondance* between fish and men runs through the book (*cf.* Ch. VI).

54. **deux ans:** in the MS her husband had died, not two years, but one year previously.

comme si: note the repetition of *comme,* as of *jeune* above, and of *pendant* in the previous sentence. This kind of 'echoing' style is fairly frequent in Maupassant.

par envie de se supplanter: 'from a desire to oust each other'.

Mme Rosémilly . . . son esprit: her mental qualities are introduced via an external description, as recommended in the preface.

tandis que . . . différente: the visionary Pierre inevitably disagrees with the down-to-earth Mme Rosémilly.

ces pauvres êtres: obviously Pierre's phrase.

55. **aux heures de marée:** *i.e.* 'at high tide'.

Jean-Bart: the historical Jean Bart was a famous corsair born at Dunkirk (†1702).

de faire des croyants: 'to make converts'.

c'est déjà très tôt: this conversation contrasts men and women in their attitude towards objects which are not immediate.

avait été jeter: *être* in the sense *aller*; here: 'had come and cast'.

cap de la Hève: just north of Le Havre (see map, facing p. 96).

un zut énergique: by a natural transition we are thus brought back to the present, in this exposition which is remarkable for its ease as well as its rapidity.

son poisson: the phrase corresponds to Roland's reflection and expresses well his proprietary instinct.

56. **sur le bout:** these paragraphs prepare the closer, more detailed view on p. 59.

le point: 'the proper focus'.

lunette: one may note the elaborately varied terms: *longue-vue, tube de cuivre, objet, instrument, lunette.*

57. **portait:** *porter son âge* in the less usual sense of 'to look one's age'.

les despotes en boutique: 'shopkeeper despots', with the implication 'petty despots'.

ses deux grands fils: this is Mme Roland's reflection and it expresses all her feeling for her sons; *cf. son poisson,* p. 55.

le patron: the reference to Roland as 'skipper' is in the same humorous vein as Roland's reference further down to Pierre and Jean as 'number one' and 'number two', and in general his use of the appropriate rowing terms like *souquer* ('pull'), *mollir* ('slack off'), *stop, stopper.*

58. vers la côte: instead of the harbour.

spasme au cœur: *cœur* for *estomac.*

recommençait: the imperfect is used in this section, without distinction, for repeated action and for what must have happened only once.

59. mouvement: the repetition must be deliberate; the MS had "à chaque élan du bateau".

tambours: 'paddle-boxes': this is a paddle-steamer.

soleil couchant: the harbour, the sea and the ships are all personified, and already on p. 56 the lighthouse at the end of the pier had been likened to a horn. The background, the ships, the party in the boat, the fish they have caught, combine to form a *relativist* system, as described in the Introduction, p. 23.—There is a comparable description of ships being swallowed up as they enter Le Havre in the tale *Une Passion* (1882; *Œuvres posthumes*, I, p. 81).

bien du mal: *cf.* in *Une Vie* (p. 143): "Le baron s'exaltant devant l'Océan, murmura: 'C'est terrible et beau.'" These are stock ideas which the author uses for comic effect.

Est-elle grande, hein?: '*Isn't* she big?'

60. Dieppe: this account of the geographical setting of *Pierre et Jean*, which helps to characterize Roland (and even the women in the sense that they pay no attention to it), is artistically relegated to the *end* of the exposition. The author first names, going in principle from east to west, various places along the coast of Lower Normandy opposite Le Havre, including the reef commonly referred to as "*Rochers* du Calvados" and the mouth of the Orne ("la rivière de Caen"). Then, after mentioning Quillebeuf near the mouth of the Seine, traditionally a provider of pilots for the estuary, he lists in order—apart from Le Tréport which should have come last—certain localities above Le Havre, stretching north-eastwards along the coast of Upper Normandy (see map, facing p. 96).

rue de Paris: main street of Le Havre, running north to south.

place de la Bourse: Maupassant uses the name only loosely. They turn right out of the rue de Paris and come to a square *behind* the *Bourse*, known then as *place du Commerce*, on the north side of the *bassin du Commerce*, one of the docks (see plan, p. 48).

61. Bon: expresses surprise and disappointment.

rue Belle-Normande: probably the rue de Normandie, running east to west in the north-east of the town and now renamed *rue Maréchal Joffre*.

Qui ça est venu?: '*Who* came?'

ne se troublait jamais: she resembles the other two women in her attitude to Roland.

D'chez m'sieu Canu, donc: 'Why from M. Canu's!'

62. Mais . . . quelque chose: by substituting a periphrase ("la mort . . . quelque chose") for the word 'legacy', Maupassant underlines all the sublime egoism of these people.

oncle d'Amérique: *i.e.* rich, long-lost uncles no longer exist except in fairy-tales.

Tu es donc amoureux?: Pierre considers being in love is something quite different from contracting a marriage arranged by parents and lawyers.

Ah! bon: 'Well and good'.

63. s'étonna: 'expressed surprise'.

«**maître**»: this title should not be used by itself but with the name: M⁰ Lecanu.

64. toujours prompt: as if a certain degree of play-acting were *always* present.

dominant son émotion: given her role further on and the phrase *feint ou vrai* used above, there is something ironic in these words.

étant si claires: instead of *claires* Maupassant originally wrote *calmes*, then *continues*. In the present reading the sense seems to be: 'they appear *sincere* because they are *limpid*', with the suggestion that this may be fallacious.

65. une vingtaine . . . en obligations trois pour cent: 'an income of some twenty thousand francs a year in the form of bonds yielding three per cent interest'.

songé: on the pretext of affirming that the preceding remark is no exaggeration, Maupassant dwells on the instinctive selfishness of humanity.

galopait: *cf.* the note on *comme si*, p. 54 (echoing style).

caché derrière la porte: the money is compared to a person waiting behind the door, postponing his entry.

claire: 'solid', 'sure', 'indisputable'.

66. ce n'est pas moi qui hérite: the detail is perhaps intended to draw attention to what is strange in Maréchal's completely forgetting Roland in his will.

mon petit Jean: whatever she may have been thinking, Mme Roland is certainly play-acting now.

67. Les deux frères . . . différentes: the description serves to pose the question: If the two brothers are a pair, of identical parentage, why has *one* been so favoured? In the following lines the author repeats the word *deux*: "deux heures" (in the MS "trois heures"), "deux mains", "deux épaules".

de chance: the idea of *Quelle chance!* is put colloquially and affectively by means of a dislocation: 'This *is* a piece of luck, this is.'

68. j'ai contribué à la naissance: the naïve Roland is made to state almost literally what actually happened.

zut!: 'go to the deuce.' With this image of an impatient Roland, the chapter ends as it began.

70. **une graine de chagrin:** the phrase combines concrete and abstract ('seeds of grief')˙ and the whole paragraph puts Pierre's discontent into concrete terms of physical pain. The last sentence, built up by a series of appositions, of phrases allied in meaning, is a typical example of what is called *essayage des termes* and recalls, not Flaubert's, but the Goncourts' style.

place du Théâtre: this square, on the rue de Paris, was known also at that time as *place Louis XVI* and *place Gambetta* (the present official name) (see plan, p. 48). In the Didot-Bottin commercial almanac for 1885, the address of the *Grand Café et Hôtel Tortoni* is given as *place Gambetta*, 3.

des demi-tasses: small cups of black coffee usually accompanying a glass of spirits (*petits verres*); *des* in the sense of 'connected with'.

71. **Il avait ... l'homme intelligent:** these indications are inserted, rapidly and discreetly, in a first example of his self-examinations.

l'état d'âme ... et regretté: Pierre reflects that a loving son may be both sad and subconsciously *glad* of his father's death. In the same way, he himself, although he loves his brother, has been made *sad* by the news of the legacy.

l'autre qui est en nous: *cf.* above "l'être instinctif", *i.e.* the unconscious or subconscious self.

la première idée: see the Introduction, pp. 16–17.

bien faite pour dégoûter ... sagesse: 'admirably calculated to turn you against common sense and prudence'.

Faut: the *il* is sometimes suppressed colloquially.

72. **Sainte-Adresse:** a locality, formerly a village, now a suburb of Le Havre, on the eminence which forms the Cap de la Hève.

Trouville ... Honfleur ... Pont-Audemer: all on the other side of the estuary: Trouville south of Le Havre, Honfleur south-east; the mouth of the Risle ("la rivière de Pont-Audemer") is further east still.

phare aérien d'Étouville: there is no such place as Étouville. Maupassant is probably thinking of the lighthouse of Fatouville, situated high on a hill (hence *aérien*) between the mouth of the Risle and Honfleur.

la route de Rouen: *i.e.* by river, up the Seine.

vraies étoiles: in these three paragraphs the beacons are now personified, now compared to heavenly bodies (*comètes, planète*); the ships are compared to stars, and the moon and stars to a beacon and to ships (*la flotte infinie*) respectively. The whole necessarily suggests something analogous to human relationships. Quite explicitly it has the function of presenting the human problem in perspective, as witness Pierre's remark at the end. The great difficulty Maupassant had in composing this description—as also the analytical passage preceding it—is attested by the MS.

nous nous faisons de la bile pour quatre sous: 'we worry ourselves over two-pence'.

73. **la Chatte blanche . . . la Belle au bois dormant:** two fairy-tales written by Mme d'Aulnoy and Perrault respectively.
    seconde âme: *cf.* above "l'autre qui est en nous", "l'être instinctif". Although Pierre is consciously preoccupied with the opposite sex (identified in his mind with foreign travel; *cf.* "vers les blondes Suédoises ou les brunes Havanaises"), he is surprised that the thought of Mme Rosémilly occurs to him. The author makes so much of this point that Pierre's reflection appears specially significant.

74. **douce et tendre:** in the MS the original phrase was *féminine* (?) *et molle*.
    Ingouville: on the north side of the town.
    réfugié politique: probably after the revolt of 1863.
    C'était encore . . . fournirait: Pierre's belief in the Pole, typical of his vision-ary character, is matched by the Pole's belief in Pierre.

75. **intonations:** the MS has here, as a first idea, *prononciations incomplètes*, so that these details about Marowsko's speech would appear to have the same tendency as the point raised further down: "Jamais il ne faisait un mouve-ment entier et définitif." At the same time the author is probably thinking of the sounds made by a parrot (*cf. perroquet* above), in which connection one should note that Marowsko reduplicates his phrases (*allons, j'ai trouvé, très bonne, ça ne fera pas un bon effet*). A Polish chemist at Bezons, frequented by Maupassant, has been suggested as the model for Marowsko (*cf.* Vial, pp. 400–1) but detail seems to be lacking. In many ways, as the first part of this note suggests, he bears the mark of a character arrived at deductively.
    on fait fortune: *bovarysme*; *cf.* p. 74.
    Marat: Marat (†1793) was physician at the court until 1786. His political enemies later gave out that he had been a purveyor of quack medicines. This—along with his character of a violent revolutionary—explains Pierre's idea.

76. **admirable:** as if there were any radical distinction between the suffix *-ine* and the suffix *-ette!*
    il espéra: 'he said he hoped'.
    Pourquoi cela: this is free indirect speech in spite of the dash.

77. **il méditait:** *cf.* the daydreams of Flaubert's characters, notably Frédéric Moreau in *L'Éducation sentimentale*.
    Et il calculait: the *et* is often used in Maupassant and Flaubert to draw attention to what is amusing or astonishing in the following statement.
    Voilà . . . chiffre rond: he has added 9,000 to get at his 'round figure', and

this sum of 120,000 francs is of course an extremely large one in 1885 (at least £15,000 in our present money).

78. **havrais:** 'of Le Havre'.

il sauta: La Fontaine's milkmaid, in the fable *La Laitière et le pot au lait*, jumps likewise with excitement in the course of her daydream of riches (line 22).

légères: he thinks of his jealousy as something superficial.

79. **Grâce à Dieu:** the phrase, in her mouth, draws attention to her dissimulation.

pilotes: = *bateaux pilotes*.

tant d'écus: 'so much money', *i.e.* 'such and such fees'.

j'en découperais, des cadavres: *i.e.* in the interests of science. For *disséquer*, Pierre uses *découper* ('to carve'), but the whole idea is amusing in itself.

Bolbec-Nointot: the little town of Bolbec, with Nointot close by, is some eighteen miles east of Le Havre (see map, facing p. 96).

80. **boulevard François Ier:** a main street running along the west side of the town (see plan, p. 48).

devant lui: 'saved up', 'at his disposal'.

81. **Jardin public:** presumably in front of the Hôtel de Ville at the top of the rue de Paris.

une longue promenade: *cf.* his thought of foreign travel in Ch. II.

compter: 'take into account'.

tous les plis: the image is that of airing and cleansing some item of clothing or bedding.

82. **déplaisait:** in the MS Maupassant had written: "il ne l'aimait pas, celle-là".

Sans se l'avouer ... cette préférence entrait: the finite verb with a different subject from that of the infinitive adverbial clause is common in Maupassant.

et tout de suite: in this colloquial turn the *et* imparts strong emphasis to the adverb.

dormait tout à fait: goes back to *sommeillant* at the beginning.

83. **vulgarité:** characteristically, Pierre undergoes a rapid change of attitude, returning to his habitual contempt for women (*cf.* Ch. I).

couler: this rather unusual employment of the word, prepared to some extent by *vint aux lèvres*, is essentially an anticipation of the metaphors *vider* and *gonflé*.

84. **pétiller et fondre:** these details suggest concretely what will then be given analytically.

pour que cette idée les effleurât: 'for this idea (that people would talk) even to occur to them'.

ignominie: *i.e.* 'suspected other people of being capable of such shameful thoughts'.

85. qu'ils ne . . . d'intelligence: an allusion presumably to her remark that Jean appeared a jovial fellow. Maupassant originally thought of putting *d'esprit* but decided to keep that word for the next line.

rondes: 'straightforward', 'downright'. The portrait, with its analogies between externals and character, conforms, like Marowsko's, to the recommendations of the preface. Of course this type of unification characterizes Balzac's portraits, too. What counts in Maupassant is the reduction of analytical detail to a minimum.

qui riait avec des *r* plein la gorge: this allusion to guttural *r*'s has probably the wider implication of a sort of clucking.

bis repetita placent: 'Things twice repeated *or* twice returned to, please'; the tag may go back to Horace (*De arte poetica*, line 365): "Haec placuit semel, haec decies repetita placebit" ('This picture pleased you once only, this other will please you even if you return to it ten, *i.e.* many, times').

patois: jocularly Beausire refers to Latin as 'the dialect'.

deux ou trois coups . . . avaries: throughout the passage Beausire expresses himself humorously, and his playful account of his drinking habits contains numerous nautical terms (*roulis, tangage, avaries*, etc.). He is playing on the word *coup* in the sense of 'stroke', 'blow' (thus *coup de roulis* means 'a push sideways') and in the sense of 'a drink', 'a helping of drink' (so that the phrase also means 'a glass of rolling'). The MS has no article before the word *tempête*, a reading which would perhaps have been preferable ('I never go as far as "storm", not I').

86. des pays chauds: the attention given to material details in this paragraph is obvious, and reminiscent of *Madame Bovary* (I, iv), as are also such images as *dôme* and *pyramide*.

Saint-Domingue: the old name for Haiti.

Meudon: to vie with Beausire's memories of the distant W. Indies, Roland can only offer memories of Meudon, near Paris.

Saint-Jouin: some thirteen miles north of Le Havre, on the coast.

87. Gabon: from 1839 the French settled round the Gaboon estuary on the west coast of Africa. The territory eventually formed part of French Equatorial Africa.

Sainte-Marie: this island off the east coast of Madagascar was occupied by the French long before Madagascar became a French colony.

On a bien raison . . . du Nord: because of their disregard for exactitude.

pâté d'alouettes de Pithiviers: a speciality of Pithiviers, a town north-east of Orléans (a potted pâté is presumably meant, since the MS mentions *une terrine*).

plus dangereux pour toi: this, Pierre's third demonstration of peevishness, is excellently prepared.

88. fait du bobo à petite santé: Beausire makes the doctors address their patients as if they were babies.

89. frapper: the word would normally be used of something untoward.

aveugle: Beausire, who has some tincture of classical studies, remembers that the goddess Fortune was represented as blindfolded.

une excellente jumelle marine: *une jumelle* for *des jumelles.*

90. le nez: 'his face'.

prière: Maupassant had originally thought of making Mme Rosémilly *drink* "au repos éternel de feu Maréchal". He must have felt that was going a little too far.

qui avait le compliment coulant: 'who was always ready with a compliment'; the tone is jocular.

je ne vous dis que ça: 'I need say no more', implying that these treats, being given by Maréchal, were *ipso facto* excellent.

92. Il se pouvait en effet: these are Pierre's thoughts.

c'est du propre: 'they're a fine lot'.

93. dans les replis insondables: *i.e.* in his subconscious.

cet affreux doute: the sense seems to be that he had simply *imagined* the idea that the waitress suspected his mother's virtue. Thus, at the very moment when he aims at being logical and at allowing for the role of the subconscious, Pierre reasons incoherently and permits himself, under the influence of an accidental feeling of well-being, to close his eyes to the disagreeable truth.

simplicité parfaite: it *suits* Pierre here to attach importance to Mme Rosémilly's discernment and not to make allowance for the duplicity of women.

94. Il regardait le ciel clair: Maupassant avoids the cliché "Il faisait beau " (which was in the MS).

lavé: a term used in painting: 'washed' or 'diluted'. The notation *lavé par la brise*, which involves synaesthesia (the visual and the tactile), may be compared to Zola's "un ciel très pur, lavé par l'orage" (*L'Assommoir*, Ch. III). This regard for nuances of colour and the use of painters' terminology go back largely to the Goncourts.

A nous deux: 'It's just you and me'.

j'avons: *i.e. nous avons* (dialect of Normandy).

se mit . . . du port: this predicate, in contrast to what precedes, runs quite smoothly, thus conforming to the idea involved.

brise-lames: the details of this paragraph, as of the whole episode, obviously attest Maupassant's experience of nautical matters (*cf.* for example the opening section of his travel book *Sur l'eau*).

L'avant . . . champs: the sentence has a remarkable symmetry, obtained by chiasmus, inversion and binary phrases, and is not only graceful in itself but perhaps in some way expressive. The whole should be evaluated from the auditive as well as the visual standpoint.

secousse secouait: this reduplication, apart from its value as intensification, produces the same spondaic effect (*cf.* what is being described) as the two equally stressed members preceding and as "de l'étrave à l'étambot" ('from stem to stern') which originally stood in the MS instead of "du bout du foc au gouvernail" and which was probably judged too technical.

95. **Ça aura un coup d'œil féerique:** 'it will make a magical impression'.—Mme Roland is preoccupied as usual with external appearances.

96. **Une colère:** this use of the indefinite article with an abstract noun unaccompanied by an adjective is a turn characteristic of Flaubert and of *l'écriture artiste*. It may be looked upon as a move towards the concrete.

 Il n'y en a donc plus que pour lui: *en* has no precise reference: 'So no one but him can have anything any more.'

 tout de même: according to the MS, Maupassant originally thought of having Pierre go out again here, then composed what follows as far as p. 97 ("Il sortit"). The dinner scene is thus lengthened advantageously and the author introduces variety by evoking Pierre's reflections before he is alone on the stage.

 comme s'il les eût embrochés: the detail renders Pierre's mood better than any analysis could.

97. **trois ans:** as Pierre is now thirty, the date of the action is about 1885.

 brume errante: the evil smells, which are insisted on, must have some reference to the corruption Pierre has come to suspect around him (*cf.* also p. 161).

 toujours: 'as before', 'once again'.

98. **Sémaphore havrais:** Maupassant seems to have concocted these names on the analogy of newspapers which existed at the time like the *Phare de Fécamp* or the *Sémaphore de Marseille,* just as Flaubert put *Fanal de Rouen* for *Journal de Rouen* (*Madame Bovary,* II, viii).

 ce soupçon terrible: as on p. 93, but reaching quite opposite conclusions, Pierre is trying to allow for the domination of his instinctive over his rational self. Although his new approach goes deeper into the subconscious, it also goes too far in discounting altogether the jealousy motive.

 Ce n'était plus la jalousie: free indirect speech.

 Non, il ne le croyait pas . . . que sa mère au monde: the development is ironical (Pierre prejudges the issue) and pathetic at the same time.

99. **l'éclatante vérité:** *i.e.* that his mother is innocent.

une attraction, une prédilection instinctives: *i.e.* as his father.

voilait sa mémoire: it is a question once again of the dependent state of man's reason.

à qui: for *auquel.* This use of *qui* after a preposition and referring to a thing is well attested in classical authors and recurs in Maupassant (*cf.* for example p. 125: *chapeau ... à qui*).

qu'il croyait avoir jeté lui-même: this point and the imagery of the context (*meuglement, cri des navires, mugissantes*), which serves to animate the shipping, establish an analogy between the character and the background. In a very general way, the plight of the ships cut off from their haven stands in parallel to the frustration of Pierre (*cf.* also Ch. IX). For the auditive notations in this chapter and the beginning of the next, see Vial, pp. 229–30.

foyers électriques: probably arc-lamps of some sort.

100. **son ombre:** 'his ghost'.

rue Tronchet: in Paris, running northwards behind the Madeleine.

ils ne m'écrivent jamais: this must refer to the time, deliberately left vague, after the parents' removal to Le Havre.

101. **Les ressorts:** 'springs' in the sense or 'works', 'mechanism'.

Elle les avait ... de son fils: such deductions undoubtedly attest Pierre's mental grasp *at a certain level,* as does elsewhere his idea, however wrongly applied, of making allowance for his 'other self'.

qui vibre: *i.e.* 'capable of feeling'.

prêt à toutes les tendresses: 'ready for any and every passion'.

102. **sirène de la jetée:** in the MS this is preceded by the mention of ships' sirens, now in the following paragraph. Realism required that the shore fog-horns should not be forgotten.

fait pour: 'calculated to'. This sentence has striking onomatopœic qualities (*cf.* also Vial, p. 600).

Et un flot d'amour ... noya son cœur: by an instinctive reaction he is led to reject the painful fact to which all the evidence points. *Cf.* above, p. 98.

103. **doté:** 'given property by his parents' (more usually applied to the bride).

rue Montmartre: in Paris, running northwards beyond the Halles.

sacré: 'sacred', 'sacrosanct', used ironically.

défaillances: 'swoons', 'fainting fits'.

104. **qu'il eût voulu tuer quelqu'un!:** this picture of Pierre's violence contrasts with *Une Vie* (IX) where, when Jeanne discovers her mother's sin, she is filled only with immense disgust.

Et Pierre ... de Castellamare: the names Santa-Lucia and Naples and Pierre's disordered vision (*yeux troublés*) due to the night, the fog and the fact that he has had his hands over his eyes, lead to a kind of hallucination (*cf.* Ch. II, p. 72). Sorrento and Castellammare are two towns on the Bay of Naples.

105. **sa déraison vagabonde:** '*un*reason' for 'reason' (because he mistrusts it); *vagabonde* in the sense of 'rambling', 'vacillating'.

107. **surtout son frère:** for it is he who is illegitimate and whom the knowledge would hurt most (in theory).

Il sentait . . . les murs l'étouffer: *cf.*, for example, *Madame Bovary* (III, viii): "Les murs tremblaient, le plafond l'écrasait."

filtre: an apparatus for ensuring a supply of purified water.

ronflaient: it would be difficult to adhere more closely to tangible reality, while developing the abstract theme of the isolation of the individual.

108. **baiser:** 'embrace'.

grimace: 'the mummery', 'the acting'; a pithy phrase strongly pessimistic in its implications.

109. **Maréchal:** Maupassant originally thought of making Pierre reflect on his own lack of resemblance with Roland; this perhaps seemed an unnecessary complication.

se préparer à: presumably 'to prepare himself *to bear* . . .'.

respirer: grammatical or not, the sentence is quite clear. As for the possessive adjectives, *cf.* Flaubert: "Sa petite main qu'il aurait voulu couvrir de baisers s'appuyait sur sa manche" (*L'Éducation sentimentale*, I, v).

110. **C'est que:** 'But', 'The fact is'.

secoué à lui arracher le bras: 'shaken him by the arm hard enough to pull it off'.

autres de: this construction by analogy with *différents de*, seems quite unusual.

jamais regardée: his estrangement from her is expressed precisely by the fact that he examines her as an object. Once again, the development attests Maupassant's instinct for the simplest and most tangible detail.

111. **Elle aurait . . . plus vite:** elliptic statement in free indirect speech: "Elle répondit et Pierre se dit que cette fois aussi elle aurait pu répondre plus vite." **bonne pensée:** 'kind thought'.

112. **Le mouvement . . . la dispersa!:** *cf.* the note to p. 99, *voilait sa mémoire.* **Roches Noires:** about half a mile east of the jetty.

vraiment: 'indeed' (because the whole development expands the preceding sentence).—Here Maupassant's characteristic ternary groups and his repetitions ("de toutes les", "par") suggest effectively the myriad shapes of reality, just as the next sentence with its accumulations, its subtle arrangement and sound-effects, evokes it auditively. The dominant effect of this and the next two paragraphs (*cf. Schopenhauer, Flaubert, Maupassant*, p. 188) is that of phenomena which appear devoid of meaning when viewed with detachment, as Pierre at first views them, but take on a significance again when the observer is dominated by his passions.

113. **Celles qu'il voyait . . . maison close:** Pierre distinguishes between the immorality of society women, that of women who have their (high) price ("galanterie tarifée"), and that of the lowest class ("peuple") of creatures in a house of ill fame ("maison close"). These last are referred to as 'respectable women' in a tone which is not entirely ironical, since they seem to Pierre more excusable than the others. They are the exceptions alluded to above, the women who behave better than his mother did in that they are driven on by want, and make no attempt to hide what they are. The wild extravagance of Pierre's misogyny expresses his quality of jealous male and his desperate solitude.

   les cabines roulantes: *i.e.* bathing-machines (bathing-huts on wheels).

114. **élégante et opulente:** the jingle perhaps combines with the binary constructions used here and above to render the idea of silly repetition in question.

   ne court pas les rues: 'is not common'.

115. **tout à coup:** the omission of *il dit* makes it doubly clear that the preceding paragraph represents Pierre's thoughts. As usual, he here acts impulsively.

   encore: 'as recently as'.

116. **pressentiments:** as if it were an omen of Maréchal's death.

   à lui: Maréchal's letters.

   fils trompé: at one stage in the MS Maupassant had used the phrase *époux trompé*.

   lâche, indigne, et infâme: the ideas of these two paragraphs are considered by Cogny (p. 126) to be Maupassant's. Now one might find parallels for them in Schopenhauer or in Dumas fils (*cf.* the preface of *L'Ami des Femmes*: "La faute de la femme est irréparable et infiniment plus grave que celle de l'homme"), but it would be contrary to all the evidence to credit Maupassant with any regard for chastity or the future of the race (which in his opinion can quite well take care of itself).

117. **allure:** *tournure.*

   plaisant: 'pleasant'.

121. **comme si . . . siège:** external detail translates her pathetic mental state.

122. **la dette d'opprobre:** the amount of opprobrium she was under an obligation to suffer (as atonement).

123. **Il s'apercevait . . . à la patience:** this paragraph on Jean was an afterthought, and the first three sentences were added at the last moment, replacing and correcting a simple "Il ne s'était aperçu de rien d'ailleurs".

124. **Alphonsine:** this disguises the name of Ernestine Dubourg, proprietress of

the Hôtel de Paris at Saint-Jouin at that time (*cf. Didot-Bottin*, 1885); she seems to have been an extremely popular and amiable woman (*cf.* Dumesnil, pp. 197–9). A Mme Alphonsine kept a restaurant at Chatou (*Nouveaux Souvenirs*, p. 60) and Maupassant's grandfather had a maid of the same name (*Correspondance*, p. 23).

bouquets: type of prawn, like *salicoque* above.

y allions: *allions aux salicoques, i.e.* 'went collecting prawns' (as in *aller aux provisions*).

afflux: 'rush'.

125. lanets: a local word for *haveneau* or *havenet, i.e.* 'shrimping net' (Littré).

mousquetaire: allusion to the *Mousquetaires du Roi* and their elaborate hats.

126. trois: clearly a slip for *quatre*.

côtes: here 'slopes'.

il se décidait à ne plus hésiter: the phrase expresses ironically Jean's timidity. *Cf.* Flaubert on Léon: "Il fallait, pensait-il, se résoudre enfin à la vouloir posséder (*i.e.* to conquer Emma)" (*Madame Bovary*, III, i).

barbes: 'feelers', 'antennae'.

un surprenant chaos . . . la falaise: this picture of primeval chaos serves as a comment on Jean's thoughts of a 'pretty' background. Like Flaubert's description of rocks in *L'Éducation sentimentale* (III, i), which it recalls even textually, it suggests the violence and blind torment characteristic of essential reality.

tellement troublé . . . derrière: *cf.* Pécuchet's fright on the cliffs at Fécamp (Flaubert, *Bouvard et Pécuchet*, III).

valeuse: or *valleuse*, commonly explained as a local term for *vallée sèche*, a steep dry valley characteristic of such chalky plateaux. However, Flaubert's use of the term in the above-mentioned episode of *Bouvard et Pécuchet* implies rather an extremely steep and narrow path running down the face of the cliff, with steps.

127. soulevée: *cf.* above: "secouée par des sursauts de volcan".

galantes: 'amiable', 'endearing'.

129. perdu la tête: she addresses him consistently as if he were a rather silly child.

dans la mare salée: the two characters are made to stand in the salt water associated with Venus.

plaisant et contrarié: *plaisant* ('jocular') is an addition: the author tones down Mme Rosémilly's role and makes her speak as if she had some consciousness of the strangeness of her attitude.

130. niaisement: refers to his tone but contains naturally wider implications.

je veux bien: the formula is not enthusiastic.

gentillesses galantes: on her part.

pêche merveilleuse: probably an allusion to St Luke V.

131. **Elle était restée:** this retrospective account is introduced artistically enough thanks to the previous reintroduction of Roland and Beausire, and in any case the author gets back to the present in just over a page.

Et tous deux ... en même temps: the two are analysed directly, perhaps with undue omniscience, but the scene rapidly becomes visual and conversational.

qu'il répondrait une dureté: 'that he would make a harsh rejoinder'.

quand ils se regardaient dans l'eau: *i.e.* 'when they were looking at each other's reflection in the water', a reference to p. 128. The situation on pp. 131–2 resembles *Hamlet* (*cf.* the Introduction). At the same time, Pierre's role of one who looks on while the other two make love and his anguish as a solitary and frustrated bachelor recall in some detail an experience of the author's recounted in *Sur l'eau* (Agay, 8 avril).

Leurs silhouettes ... symbolique: we have already seen Mme Roland (p. 57) identifying herself with *le grand tout*, and here the man and woman coming together where land and sea join symbolize for her the vast processes of nature. The author shares this attitude but with less enthusiasm, given his treatment of the love-scene above.

132. **cocu:** 'deceived husband', 'cuckold'.

Pour qui dis-tu ça?: 'Whom do you mean?'

133. **où se rattachait son cœur:** 'in which her heart was finding something to cling to again' (after the rift with Pierre).

134. **dans:** *i.e.* "quand on fut dans", which is the first version.

galerie vitrée: comparable to the conservatory in Maupassant's flat in the rue Montchanin (*cf.* Tassart, pp. 33 and 61; also the sketch of it in *Chroniques*, facing p. 324).

135. **grand air:** the sentence is comically abridged and the *grand* deliberately echoes the *grand* of *grand salon*.

l'assentiment: his mother's consent (*cf.* p. 130).

normande: originally cretonne was a stout white fabric made in the vicinity of Lisieux.

sérieuse: alludes to her appearance in principle, but prepares the analysis which Maupassant devotes to her further down.

136. **perles de verre:** for this and similar details and for Maupassant as a collector of bric-à-brac *cf.* Tassart, pp. 33, 59–60, 75–6 and *passim*. On the craze for Japanese things and the inferior quality of the contemporary product, *cf.* Maupassant's article *Chine et Japon* (1880, in *Chroniques*, p. 40).

avec ses écrans: Maupassant originally continued with *à*: "à écrans, à sabres, à masques". In the final version, although his list of curios seems inexhaustible, he avoids a mere catalogue. The sentence will be found to take the form largely of duplicated ternary groups, differentiated by the introductory formula and by the length of the basic unit of expression, and alternating, especially at the end, with binary groups. Maupassant's insistence on the furnishings in these pages is not merely satire but serves to motivate Pierre's outburst further on, in a way perhaps reminiscent of *Salammbô*, Ch. VII.

papier: probably *papier mâché*.

137. la veuve avait l'air bien vanné: the remark is two-edged, an attack on both Mme Rosémilly and Jean. Mme Rosémilly is clearly as much the object of this quarrel as Jean's wealth is.

écrasées: *i.e.* by himself. If the first half of this sentence is abstract, the end expresses his sudden rage in highly concrete form, somewhat as when Félicité's misfortunes "lui montant à la gorge, l'étouffaient" (*Un Cœur simple*, IV). In the MS Maupassant originally put *étouffa*, not *étourdit*.

138. aiguë: the image (*cf. blesser* and *frapper* above) is that of using a dagger.

la plaie de cette âme: 'the sore spot'.

cette oie grasse: Pierre protests too much for us to suppose that he is indifferent to her. Such is also Jean's interpretation of Pierre's vehemence ("voyait porter ses coups"). One cannot insist too much on the fact that in Jean's opinion Pierre has been his rival in love since the first chapter.

139. ne comprenant pas: self-interest has prevented him from suspecting anything, just as it has led Pierre to suspect.

y songes-tu?: 'how can you think such a thing?' (with the implication that the thing is impossible).

je sais: that Jean is Maréchal's son.—Seizing on Jean's reference to 'respect', Pierre has been led in a natural way to substitute, for the physical violence he first intended, the revelation he had been tempted to make in Ch. III, of what people are saying. His momentum is such that he goes on here to inform Jean of his illegitimacy, which is at one and the same time an act of revenge, self-torture, and a sort of catharsis; *cf.* below ("Il parlait . . . éclaboussant tout le monde") and p. 160 ("Il était soulagé d'avoir parlé").

trop comprimé: echoing style, and once again mental pain in terms of physical.

140. paroles: as if, by throwing out words, he was literally throwing away from himself some part of his suffering; whereas "l'air invisible et sourd" suggests a misery without recourse.

Tiens . . . dit ça!: this simple thought, expressed in familiar language, while completing the picture of Pierre, is calculated to tone down and compensate for anything that might seem too high-pitched in the preceding scene.

secoua son cœur: 'roused his courage'.

141. faiblesse . . . tendresse: the word *larmes*, which is not crossed out on the MS, was replaced by *faiblesse*, on the proofs presumably, without the jingle *tendresse-faiblesse* being noticed by the author. The sentence alludes to Pierre's attitude of judge and recalls p. 116 by the mention of both *homme* and *fils*.

en baisant sa robe: replaces "en lui baisant le cou, l'épaule, la gorge" which is in the MS. Cogny (p. 166, n.1), following Thoraval (p. 29), considers this was altered because it was "d'un goût très douteux", but it seems more likely that Maupassant purely and simply reflected that Mme Roland was lying in such a way as to be entirely covered up.

142. gouttes d'eau: *cf.* p. 64. The phrase replaces in the MS the word *larmes*, kept for further down.

adieu: his "tais-toi" above implied perhaps that he could not bear the thought of her having sinned, and so she threatens to depart, partly out of shame, no doubt, but possibly also in the hope of making him change his attitude.

je ne suis plus ta mère: because she is unworthy of respect.

143. non plus: any more than Pierre does.

à pleines mains: the gesture is wild, like most of the gestures in this scene.

144. Si je devais . . . pour toujours: the perhaps too careful structure of this sentence (for conversation) is redeemed by the conversational turns towards the end. In any case Mme Roland is choosing her words.

145. rien ne fait plus de mal: 'nothing hurts more'.

ce n'est pas d'hier: 'it's not a recent development'.

je n'aurais pas . . . pleuré: the original version in the MS ("Je lui dois . . . d'avoir pleuré") is less clear and lacks the interesting parenthesis "car j'ai pleuré . . ."

147. alcali: *alcali volatil*, 'ammonia'.

avec l'émotion retrouvée des adultères anciens: 'feeling anew the emotion with which her trysts with Maréchal once filled her'.

148. lui cassaient les jambes et les bras: *i.e.* paralysed him (*cf.* p. 140 above, for Jean's tendency to immobility).

S'il eût appris: this should be free indirect speech, but the whole paragraph seems to hesitate between that form and normal narrative.

tous les préjugés . . . morale naturelle: in the MS Maupassant first wrote: "tous les préjugés établis et toutes les revendications de la morale enseignée", which sounds like the author talking, using *préjugés* and *morale* as synonyms. The phrase *saintes susceptibilités* in the final version should be considered ironical. *Cf.* also an article of 1884: "Il ne faut chercher que la vérité, sans s'occuper de la morale enseignée, orthodoxe et officielle; de la morale, cette prétendue loi naturelle. La seule loi qui importe est la loi suprême de l'humanité" (*Chroniques*, p. 145).

149. d'ordre moral: *cf.* above, *d'ordre intime.*

satisfaire: thus the problem is for Jean a practical one, not a moral one.

la secousse ... pensée cruelle: 'the shock produced by those deep-seated feelings which a painful thought can give rise to'.

Toutes les conséquences ... indigents: what was originally summarized abstractly in the MS as "la préoccupation secrète de ne pas compromettre son mariage" is shown by particular detail in this paragraph.

convaincre sa droiture native: 'to convince himself, in spite of his natural honesty (that he could keep the money)'. The expression (*cf.* also *fixer ses hésitations*) is somewhat mannered, *à la Goncourt* (*cf.* the end of Maupassant's preface); however, the general tone is one of mockery.

150. se résigna: irony, like *affaire délicate* below.

qué qui faut?: = *qu'est-ce qu'il faut?* ('what do you want?'); *patois* or popular speech.

154. meilleurs espoirs: Pierre is in the habit of talking to his father in platitudes.

Mas-Roussel, Rémusot, Flache et Borriquel: the names of these professors, whom Pierre called 'donkeys' in Ch. III, seem to have certain animal associations (*cf. roussin, museau, bourrique*). Maupassant had already given the name Mas-Roussel to one of the doctors in *Mont-Oriol.*

155. habitué ... devant lui: apart from its information on Roland, this conversation underlines Mme Roland's deliberate omission to tell him of Jean's engagement.

156. portait: = *avait.*

la route de Sainte-Adresse: see note to p. 72.

disparaît: Maupassant uses the present tense, apparently for rapidity and an effect of vividness. Flaubert, in his description of book illustrations (*Madame Bovary*, I, vi), had used, along with imperfects, present tenses referring to *what is usual* in such pictures.

157. quel désespoir!: the comic brevity is obvious. *Cf.* in *Madame Bovary* (I, ii): "Elle était morte, quel étonnement!"

mappemonde: the meaning would seem to require *globe terrestre* rather.

d'appartement: 'indoor', 'grown indoors'.

159. la forme du cadre: it is Maréchal's portrait.—In the MS she was originally depicted as having come to dramatize this sacrifice in her mind, identifying it with a separation from Maréchal himself (she kisses the portrait before handing it over). Maupassant reduces this emotion to one or two gestures and leaves her state of mind to our imagination. What is clear in the present ending is the double aspect (sentimental and practical) of Mme Roland, and the pathos of the scene proceeds rather from this very doubleness, this lack of direction in her behaviour, than from her suffering.

160. **Leurs yeux**: of all three.

161. **réussi**: Maupassant originally thought of putting here her first remark on p. 165 ("Il va te falloir un tas de choses pour partir"): he decided to concentrate on Pierre at this stage, first on his bustling activity, then on his dejection.

gros navire: these two paragraphs were an afterthought. The references to the *Picardie* make possible Pierre's reflections further on, which compensate for the largely external account of the *Lorraine*'s departure.

épaisseur insaisissable: *cf.* p. 95, in a similar context, "imperceptible épaisseur"; *i.e.* substantial and insubstantial, visible and invisible.

162. **qui le porte**: the tense is perhaps best understood by considering the phrase as a substitute for *le portant* or *(sentirait ce bateau) le porter*. In content this paragraph is the opposite of the "vie calme, toujours bercée par l'eau qui roule" envisaged by Pierre previously (p. 160) or his impressions in Ch. IV (p. 95), thus illustrating the inconstancy of his ideas.

l'aimait assez: free indirect speech.

163. **rares**: already used a few lines further back, in the sense of 'few'.

164. **promesses**: in 1863, Napoleon III's promise of help to the Polish revolutionaries was not fulfilled.

c'est vous: this situation illustrates the "faculté d'oubli prodigieuse" ascribed to women on p. 107.

Vous allez bien: there is no question mark: she is abridging the conversation.

165. **simples d'esprit**: a jocular allusion to Matthew V, iii: "Bienheureux les pauvres d'esprit."

166. **On ne peut ... dans le tas**: 'you can never tell which are yours (your own people) in the crowd', which is for the reader an ironical allusion to Roland's failure to distinguish Pierre from Jean and, more generally, an allusion to the proliferation of the species, unconcerned with the niceties of pedigree.

il laissait aller sa révolte à vau-l'eau à la façon de son existence: 'he let his rebellion go by the board, like his life.'

se cicatrisent: this development confirms analytically Pierre's change of mood already shown in the preceding conversation. A passion which spends itself is of course in keeping with Maupassant's deterministic conception of behaviour. What deserves more attention here, with Pierre's relenting towards his mother and her release from suffering as we reach the end, is the author's regard for average reality, his classic sense of restraint.

167. **du voyage commencé**: 'of beginning a voyage', a favourite Latinism of the author's (*cf. escaliers montés*, p. 80).

devaient manger: 'were likely to (would) eat'.

peut-être: the comma adds greatly to the point of *peut-être*.

foutez-vous ... à l'eau: = *fichez-vous (jetez-vous) à l'eau*. There is an analogous development in *Mont-Oriol* (II, iii) on the sufferings of a donkey and of a peasant family. They represent for the heroine all the pain of the world, from which death provides a happy release.

168. voulut: 'tried to'; Pierre cuts her short.

bibliothèque: 'collection'; the word is unusual in such a sense.

thérapeutique: Pierre's behaviour recalls closely Jean's in Ch. VII on entering his new flat.

169. borda: 'shipped', here in the sense of 'placed in the rowlocks ready for use'.

170. mais là, juste: 'exactly, mark you'.

Vive la *Lorraine*: Lorraine had been annexed by Germany and the name, at this period, would readily stir patriotic feelings and notions of *revanche*. The phrase "emporté soudain par un élan patriotique" is an afterthought and intended comically (*cf.* Vial, p. 149, for similar texts of Maupassant).

enfantement: the metaphor, from one point of view, simply repeats and epitomizes Roland's detailed running commentary above. As elsewhere, the objective reality—the ship's departure *is* her son's departure for Mme Roland—stands in its own right, independently of any possible symbolism.

171. Mais il s'en allait ... bâtiment: this departure presents some analogy with Victor's (*Un Cœur simple*, III), which is more concisely described.

Et il lui semblait ... son enfant: after a characteristic echoing development, the author uses the formula "il lui semblait" three times over, producing an effect of naïveté and precipitation in keeping with Mme Roland's rush of incoherent ideas and even with the rapid movement of the ship.

notre Jean: the possessive plural draws attention to Roland's role of deceived husband, and it is a question further down of his amazing ignorance as to what has been going on recently. The author chooses to end on a comic, rather than a pathetic note.

172. Mais oui ... quelques jours seulement: these three speeches are an afterthought.

APPENDIX

The Testimony of the Manuscript

Many modifications of the MS were made by Maupassant on the proofs of his text (which we do not possess) and are not recorded on the MS. The corrections made in writing on the MS number at least two thousand, at a modest estimate, but they are for the most part minor alterations, so that it is hard to believe that this MS, except perhaps for certain pages, represents Maupassant's first draft.

The long variants of the MS have been known since the Conard edition, but only a small fraction of the minor ones are given, even by Cogny. Thoraval discusses only some thirty passages from *Pierre et Jean*, almost exclusively short ones, while Vial makes no use of the MS.

It is impossible to examine here all these small variants. Suffice it to say that they illustrate largely the author's striving after brevity and after precise or concrete details, as well as his anxiety to avoid (*a*) repetitions, (*b*) the easy and commonplace formula, the cliché (including verbs of all work such as *être, avoir* and *faire*), (*c*) the abuse of superlatives and of such forms as *très, bien, petit, tout.*

What may be of interest, since it has not been done before, is to characterize in some way the major variants, *i.e.* those affecting the end of Ch. VII and the beginning of Ch. VIII, otherwise ff. 145–53 of the MS, and pp. 143–51 of the text.

To deal firstly with the end of Ch. VII, the following is a summary of the last three sections, here labelled A, B and C, as they stand in the MS. The final text involves rearrangement and expansion of the details of the MS, numerous additions to it, and the suppression of certain parts.

A (F. 145: *cf.* pp. 143–4)

After a brief dialogue in which Jean protests, whilst his mother declares that she must depart and that he will be unable to forget, he says: "Je t'aime plus que tu ne crois", whereupon she implies that she may perhaps stay, but on the understanding that if ever Jean behaved towards her as Pierre has done, she would commit suicide. Cutting short his reply, she goes on to emphasize her sufferings during the past month.

B (F. 146–7: *cf.* pp. 144–6)

"Il voulut l'embrasser, mais elle le repoussa". She says: "Laisse-moi parler" (repeated further down). In spite of all her sufferings, she continues, she has no regrets (*bis*). If he wants her to stay, he must accept the idea that Maréchal is his

real father, as she accepts the idea of having been his mistress. That is why she
loves Jean more than she loves Pierre. Her parents forced her to marry Roland
("J'ai dormi dans son lit et pleuré de dégoût dans ses bras"). Whatever happiness
she has had she owes entirely to Maréchal. She still loves him, nearly as much as
she loves Jean. Her parents gave her to Roland, she gave herself to Maréchal.
"Faut-il rester, ou faut-il partir?... — Reste, maman."

C (F. 147–9: *cf.* pp. 146–7; also 149–50)

She asks: "Alors tu veux bien être son fils?" They embrace. Then, "redevenue
soudain... femme d'ordre et de chiffres," she seeks to prove, despite his protests,
that he must logically accept the legacy: as he cannot accept Roland's money,
which Pierre ought to inherit entirely, she says, this will leave Jean with nothing,
unless he accepts Maréchal's money. After a short silence he expresses concern
about the unhappiness she will feel when she meets Pierre again, but she dismisses
the idea. He determines to protect her, then takes her home, and she gets into bed
"avec l'émotion retrouvée des adultères anciens."

Part B above is alone considered by Thoraval, who declares that a mother
would not express herself to her son as bluntly as in the MS, and that the final
version shows her ennobled by her sufferings and is thus more in keeping with
her character (*sic*). Similarly, Cogny affirms that Maupassant "refit toute la
scène de la confession à Jean, sentant ce qu'il pouvait y avoir d'impudeur dans ces
cris de maîtresse en présence d'un fils."

These judgements, even if they describe roughly what modifications section B
has undergone, are misleading in so far as they imply any idealization of Mme
Roland by Maupassant or indeed ascribe any moral criterion to the author.
Maupassant's abandonment of his first draft can be explained far more plausibly
by his realization that his heroine's emancipated and unrepentant attitude was
something of a cliché in the year of grace 1887 (compare for example *Le Testament*
and *L'Attente*, to go no further).

But clearly sections A, B and C require to be considered as a whole.

As it stood in the MS, section A was extremely schematic. Yet, with Mme
Roland's threat to leave and her threat of suicide, it combined with section B (her
defiant and unashamed account of her past) and section C (her ultimatum to Jean
that he must take the money), to express one side of Mme Roland's character,
her cunning and calculating side, just as it expressed, for that matter, Jean's
complete subservience, so that the episode appears as a pendant to that of Jean
and Mme Rosémilly in Ch. VI. The main faults of this first version were a
certain lack of detail, especially in sections A and B, and an almost complete
disappearance of the pathetic aspect, so strongly marked in the preceding context.

On rewriting, Maupassant invents many new details, and above all, he makes the
text at once denser and more moving by multiplying and stressing allusions to Mme
Roland's fear of Pierre and to all the suffering she has undergone. Although her

transitions are carefully handled by Maupassant, the net impression sought and produced by the final version (of A and B) is one of repetitiveness and incoherence, pathetic in itself and at the same time realistic, as Mme Roland oscillates between emotion and calculation. For her Machiavellian side is none the less present in the final version for being less explicit. More circuitously than in the MS, her every remark, and even the very disorder of her utterances, tend towards domination over Jean and self-protection against Pierre. Indeed her position here between her two sons, her fear of the elder one and her cleaving to the younger, and her strategy as well as her emotions justify fully for the first time the comparison employed from the beginning at the end of section C: "avec l'émotion retrouvée des adultères anciens."

In this last section, by suppressing the idea of a sudden change on her part and her argument for accepting the legacy (transferred to Jean's monologue in the next chapter), and by replacing Mme Roland's self-assured attitude by a persistent fear of Pierre, Maupassant continues smoothly and naturally the effect of sections A and B, while avoiding any appearance of exaggeration.

On the whole, one should not say that the first version is inferior—except in so far as it is not imagined in sufficient detail—but that its gist would have been predominantly satirical, whereas the revised version attains a delicate balance of mockery and pathos.

The beginning of Ch. VIII has undergone, in three or more stages, considerable expansion and recasting. It originally began (f. 150) with old Roland next day entering his dining-room, impatient to start lunch, and eventually being joined by his wife and Jean (cf. pp. 150-1). There followed (f. 151): (a) a brief conversation at the end of which Jean goes out of the room to look for Pierre (cf. p. 151), (b) a retrospective account of Jean's reflections the night before, after his mother's departure (cf. pp. 148-50): how he came to accept the new situation, the shock having been so great as to silence all moral promptings, and how, disliking strained relations (cf. p. 148 "d'ailleurs... tranquille"), he had tried to imagine some way of getting rid of Pierre. This was followed (f. 153, originally numbered 152) by the point that Jean thought that he had found a solution (not specified) and that he intended to sound his brother about it during lunch.

Not only does Jean not occupy the foreground in this version, but he is hardly analysed at all.

At a later stage, when the author was writing f. 156, for the original ff. 152-5 have all had their numbers increased by one, he added at the bottom of f. 151 some further details on Jean (his love of peace, the fact that he has a talent for foreseeing difficulties and feels the need to solve them quickly) and inserted a new f. 152 (cf. p. 148-9 "car il avait" to "pût le satisfaire"; also p. 150 "comment l'écarter" to "suggérant une idée"): Jean approached the matter like a lawyer, decided that his mother and Pierre must be kept apart; he walked up and down (a point suppressed at the proof stage); his desire not to compromise his marriage; by daybreak he had found a solution and went out to make inquiries; he will now sound his brother. This page itself offers one marginal addition: a generalization (see pp. 148–9 "car il avait... longtemps") intended to make more likely Jean's energy as described at the bottom of f. 151.

Many of Maupassant's later additions, not recorded in the MS, serve to enhance the solidity of the scene. We may mention the point, added at the last moment, that Jean, in contrast to Pierre, tends to sit down in a crisis (p. 148). This is quite opposed to Maupassant's earlier conception, and prepares three or four allusions to Jean's sitting or lying down, as also the exceptional case (p. 149) where he gets up and walks to the window.

This entirely new development (p. 149 "Mais une idée" to "aux indigents") shows Jean asking himself if a gentleman would keep the money, replying in the negative, and *as a consequence of this virile attitude*, rising to his feet and going to the window, where, seeing a woman on the pavement, he thinks of Mme Rosémilly, which brings home to him the extent of his proposed sacrifice.

As a study of instinct and self-interest the text is enriched by such details as the one which concludes this same paragraph: Jean hits on an argument for not refusing the legacy, derived from the idea of fairness to Mme Rosémilly! One may compare his reflection after he has decided that he cannot inherit from Roland : "Ce serait voler mon frère" (p. 150; likewise an entirely new idea), followed by the conclusion that he has a right to accept Maréchal's money. The most striking addition to the psychological study, and one made at the last moment, for it is not indicated in the MS, is of course explained by the transference here under a slightly different form of the mother's argument (ff. 147–8) to prove Jean must accept the legacy. The argument gains solidity, in this study of selfishness, from the fact that it is put into the mouth of the directly interested party.

The main purpose of these alterations is to give more weight to the role of Jean and so to present it that it can play the part of a pendant to Pierre's role in Ch. II to V.

The other major change, effected presumably on the proofs, the transposition of ff. 150–151a (Roland, Mme Roland, Jean) and ff. 151b–152 (the analysis of Jean), has a more purely technical interest. In the MS, Ch. VIII began with the first part of the day, like earlier chapters of the book, but this uniformity (desirable from the point of view of cohesion) was achieved by Maupassant only at the cost of going back in time, further on, to deal with the question of Jean's self-examination. The resulting scheme had something of the awkwardness and arbitrariness, in fact the pointlessness, of certain transitions commonly adopted by Zola and the Goncourts. On reflection, Maupassant preferred to follow the example of his master Flaubert and adhere to the chronological order.